経営者のための
勇退へのアドバイス！
書き込み式チェックシート付

税理士
海野裕貴

清文社

はしがき

　高度成長期に20歳代から30歳代で創業した経営者世代が、現在一斉に勇退する時期にさしかかっているそうです(「中小企業白書(2006年版)」参照)。

　なるほど、勇退を目前にした中小企業の経営者の方から相談を受ける機会が増えています。経営者の勇退には経営者特有の困難な問題が山積していますので、至極当然のことであろうと思います。

　それらの問題は、事業承継、相続・贈与、会社の資金繰りに影響を及ぼす退職金、そして勇退後のセカンドライフ等、枚挙にいとまがありません。経営者の勇退は、経営者自身の人生にとっても会社にとっても、時間をかけて真剣に取り組むべきビッグプロジェクトなのです。

　ところが、経営者自身は、目下の経営に精力を注ぎ込み、プライベートは二の次と、ついつい後回しにされがちです。そのため相談を受けたときには、結果的に拙速な対応をせざるを得ないケースがいかに多いことか。

　本書は、そのような実情をふまえ、経営者の勇退前後の様々な問題に焦点を当て、スムーズな事前準備を促すことを趣旨としています。

　そのため、前半(第1章～3章)は、事業承継・退職金・相続そして勇退後のプライベート(セカンドライフ)の順に読み進めながら、チャートや図表を多用し、効率的に情報整理ができるようにし、後半(第4章)では、それを踏まえてプラン実行のヒントやアドバイスを加筆するという構成にしています。

　また、法律・税金情報に加えて、ファイナンシャル・プランニングの考え方を取り入れて、「勇退をどうのりきるか」という観点で総合的な絵を描いていただくための「ガイド役」を果たせればと思っています。

　経営者の方自ら活用いただくと共に、ファイナンシャル・プランナーや税理士、司法書士やその他実務家の皆様、金融機関のコンサルタントの皆様等、経営者をサポートする全ての方々のコンサルティングツールとしても、本書を活用していただければ幸いです。

　先日、ある書物にて晩年の活躍めざましい歴史上の人物に触れました。

　北条早雲は、56歳で伊豆の小さな城を持ち、領民の住みやすい国作りを目指して相模一帯を支配したのは85歳だったそうです。また、伊能忠敬は、50歳で造酒屋事業を譲り、その後に天文学を学び、測量機器や技術もない環境下、徒歩で15年かけて全国をめぐり日本地図を作ったそうです。

　当時と比べると、格段に寿命の延びた現代に生きる経営者の方には、勇退後もより多くの時間があるのです。思い残すことのない円満な勇退をしていただきたい、そして北条早雲や伊能忠敬のように活き活きとセカンドライフを謳歌していただきたいという思

いを込めて、今このはしがきを書いています。

　最後に、関与させていただいている多くの経営者の皆様、一緒に仕事をしてくれているパートナーの皆様、そして、いつもスピーディかつ的確なアドバイスやサポートを惜しまずくださる清文社編集第三部の折原容子さんには感謝してもしきれません。この場をかりて御礼申し上げます。本当にありがとうございます。

　平成22年4月

海野　裕貴

「経営者のための 勇退へのアドバイス」目次

はしがき

第1章【現状分析編】
チャートでわかる! あなたに必要な勇退準備 ……… 1

1 はじめに ―この本の構成― ……… 2
2 勇退時のイベントの順序 ……… 3
3 診断チャートで準備状況を把握しましょう ……… 4
4 タイプ別に確認事項を整理しましょう ……… 5

第2章【現状分析編】
タイプ別でわかる! 勇退準備の情報整理 ……… 7

1 事業承継の情報整理シート ……… 8
　1 後継者について
　2 事業承継の方向性について
　3 後継者へ経営を任せる時期について
　4 株式の所有分布状況について
　5 経営権移転状況について
　6 株価について
　7 事業関連資産について
　8 連帯保証人の地位について

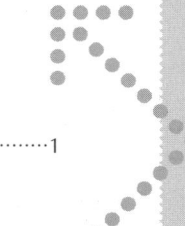

2 退職金の情報整理シート………14
    1 退職金支給準備状況について
    2 退職金支給の目安について

3 相続の情報整理シート………15
    1 あなたの相続人について
    2 各相続人の法定相続割合について
    3 相続財産について
    4 注意が必要な財産構成パターンについて
    5 相続税負担の予想について
    6 遺言の必要性について

4 プライベート（セカンドライフ）の情報整理シート………24
    1 分析ステップ①　個人PL作成
    2 分析ステップ②　個人BS作成
    3 分析ステップ③　資金過不足判定

第3章【現状分析編】
チェックシートでわかる！
勇退準備の優先順位………35

1 事業承継の準備重要度チェックシート………37
2 退職金の準備重要度チェックシート………38
3 相続の準備重要度チェックシート………39
4 プライベート（セカンドライフ）準備重要度チェックシート………40

第4章【解説編】
具体的にどうすればよいかがわかる!
勇退準備の各種ポイント解説………41

1 セカンドライフにおける収入と支出………42
1 個人決算書(個人BS・個人PL)について
2 経常的収入について
3 一時的収入について
4 その他の収入確保についてのポイント
5 60歳以上でも報酬があれば年金が減額されることもある(在職老齢年金)
6 収入と税金
7 支出について
COLUMN 勇退後の離婚の危機と年金分割………43
COLUMN もしも財産管理できない状況になったら………51

2 事業承継対策………53
1 必ず知っておくべきポイント
2 注意をしておくべきポイント
3 事前準備しておくべきポイント

3 退職金対策………62
1 必ず知っておくべきポイント
2 注意をしておくべきポイント
3 事前準備しておくべきポイント
4 対策について理解しておくとよいポイント

4 相続対策………69
1 必ず知っておくべきポイント
2 注意をしておくべきポイント
3 事前準備しておくべきポイント
4 対策について理解しておくとよいポイント

5 遺言・贈与の活用対策………79
1 必ず知っておくべきポイント
2 注意をしておくべきポイント
3 事前準備しておくべきポイント
4 対策について理解しておくとよいポイント
COLUMN 介護と遺言………82
COLUMN もめない遺言の書き方ポイント………83
COLUMN 遺留分の放棄はむずかしい?………85
COLUMN ペットには財産は残せないのか………90

第 **1** 章【現状分析編】

チャートでわかる！
あなたに必要な
勇退準備

 はじめに ―この本の構成―

　経営者の勇退プランを考えるにあたっては、会社員の退職にはない大きな節目がいくつかあります。例えば事業承継や相続等は特異なイベントといえます。

　これらのイベントは、総合的な観点が必要であるにも関わらず、それぞれがばらばらに検討されているように思われます。そもそも相互に関連性が強いのに、これでは満足のいく解決は導き出せないでしょう。

　そこで本書は、①その節目には準備が必要なのか否か？（第1章）、②どこに問題点があるのか？（第2章）、③何から検討すればよいのか？（第3章）、というステップで勇退プランを考えます。

　具体的な本書の構成は、以下のとおりです。この構成を確認していただけると、よりご活用いただき易いかと思います。

現状分析

- 診断チャートで準備状況を把握⇒P.4
  （第1章 チャートでわかる！あなたに必要な勇退準備）
  　まずは、準備が必要な勇退前後のイベントを確認しましょう。

- 勇退準備の情報整理⇒P.7
  （事業承継・退職金・相続・プライベート）
  （第2章 タイプ別でわかる！勇退準備の情報整理）
  　各イベントごとに現状分析・必要情報を整理して問題点を明らかにしましょう。情報整理のプロセスで、問題の気付きができるようになっています。

- イベント対策実行の優先順位確認⇒P.35
  （第3章 チェックシートでわかる！勇退準備の優先順位）
  　どのイベントの対策を優先すべきか確認しましょう。

勇退プランニング

- 各イベント対策のポイント解説⇒P.41
  （事業承継・退職金・相続・プライベート）
  （第4章 具体的にどうすればよいかがわかる！勇退準備の各種ポイント解説）
  　各イベントごとの対策を具体的に検討する際の方向性や注意点を確認しましょう。

プラン実行へ！

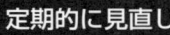
定期的に見直し

2 勇退時のイベントの順序

　経営者が勇退を迎える際には、様々なイベントが目白押しです。各イベントの対策や準備は、ときとして他のイベントに大きな影響を及ぼす密接な関連性があります。

　そのため、勇退前後については俯瞰的な観点で把握し、1つ1つのイベントをいかに適切に対処するかが、ポイントになるといっても過言ではありません。

　そして、各イベントの準備には時間を要するものもあります。また、順序よく対処しなければ、非効率に時間ばかりを余計に費やすことにもなりかねません。そのため、イベントに対処する概ねの順序をイメージしておくと、比較的スムーズに準備でき、頭が整理できるでしょう。

　そのうえで、状況の変化に応じて臨機応変に対処することで、理想的な勇退が実現できるでしょう。

【一般的なイベントの順序】

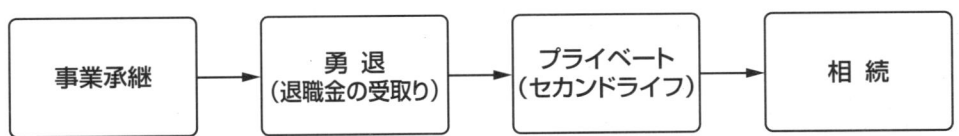

【一般的なイベントに対する準備の順序イメージ】

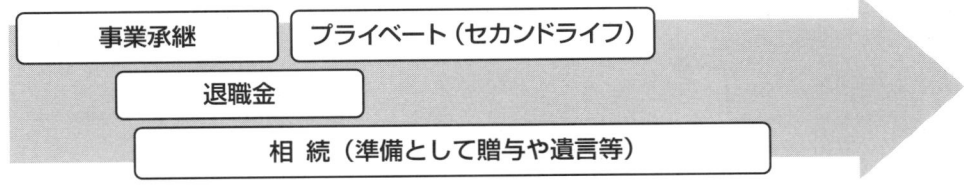

3 診断チャートで準備状況を把握しましょう

　現状分析の第1歩として、まずは現状での勇退のための準備状況を確認しましょう。
　準備ができていることを、わざわざ分析する必要はありません。効率的かつピンポイントで情報整理して、要点をおさえましょう（もちろん、時間をかけてゆっくりと現状分析するのも悪いことではありません）。

【診断チャート】

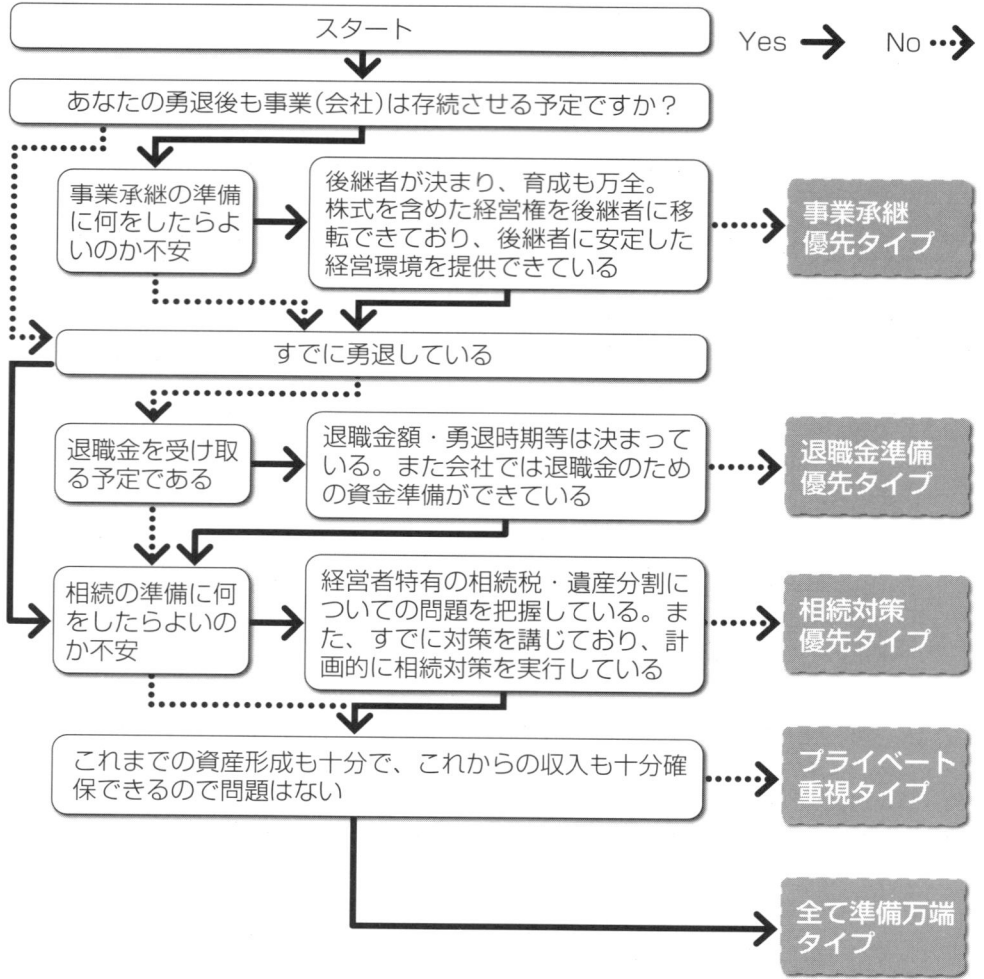

➡ 次のページでタイプ別に確認事項を整理しましょう。

4 タイプ別に確認事項を整理しましょう

　前ページのチャートにより、まず何を優先して検討すべきかを確認しました。そこから順に、各イベントごとに設けてあるチェックシートに記入していきましょう。前ページで判明した「タイプ」ごとに確認していただくチェックシートは異なります。以下を参照していただき、順に検討してください。

まずは事業承継から準備を始めましょう
事業承継優先タイプ
事業承継の情報整理シート⇒P.8、その後退職金準備へ

↓

退職金を受ける個人、支給する法人の両側面から検討しましょう
退職金準備優先タイプ
退職金の情報整理シート⇒P.14、その後相続準備へ

↓

遺産分割や相続税の対策準備も検討しましょう
相続対策優先タイプ
相続の情報整理シート⇒P.15、その後プライベート準備へ

↓

会社のことはすでに万全。プライベート重視で検討しましょう
プライベート重視タイプ
プライベート(セカンドライフ)の情報整理シート⇒P.24

↓

準備万端です！
全て準備万端タイプ
目次を参照いただき、解説編の気になる項目だけご覧ください。

※「事業承継優先タイプ」の方は、第2章の各情報整理シートを順に埋めてください。「タイプ」によっては、作業不要な情報整理シートもあります。例えば、「退職金準備優先タイプ」の方は、「退職金準備→相続→プライベート」と順を追って情報整理シートを埋めてください。このタイプの場合、事業承継の情報整理シートの確認は必要ありません。効率的に現状分析を行いましょう。

第2章【現状分析編】
タイプ別でわかる!
勇退準備の
情報整理

1 事業承継の情報整理シート

　経営者が勇退を迎えるにあたり、その後も事業継続する意向であれば必ず直面するのが、事業承継です。しかし、経営においては百戦錬磨の経営者も、事業承継については初めてというケースがほとんどです。

　後継者が事業を引き継ぐものの、準備不十分で満足いく引継ぎができないというケースが多々見受けられます。現在、事業承継の準備がどの程度進捗しているのか？　事業承継成功のためにどのような情報を整理しておくべきか？　以下に挙げる項目をチェックしながら確認しましょう。

1 後継者について
後継者はすでに決まっていますか？

☐ はい　　事業承継は、後継者ありき。後継者が決まらなければ、具体的な動きはとれないので、「いいえ」の場合、早急に検討を進めましょう。
☐ いいえ

2 事業承継の方向性について
引き継ぐ可能性が高いのは誰ですか？
【事業継承の方向性イメージ】

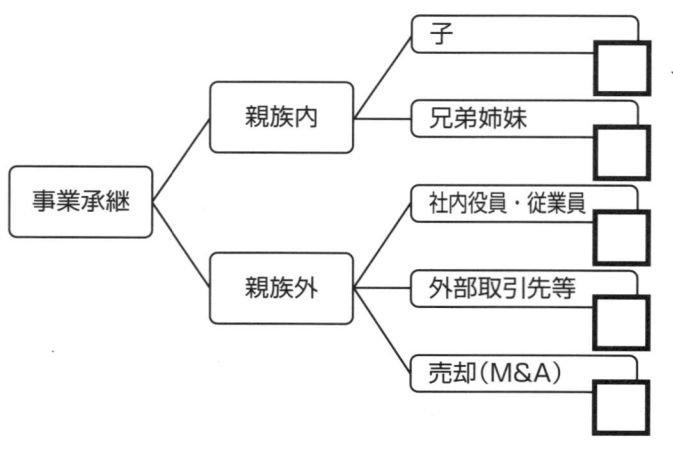

事業承継の準備事項は、後継者を誰にするかによって、大きく異なります。
親族内での承継か？
親族外への承継か？
親族外の承継なら、可能性の高いのは誰なのか？
これらに優先順位をつけ、左の図表の空欄に順位を書き込んでみましょう。

3 後継者へ経営を任せる時期について

後継者へ経営を任せられるのはいつ頃ですか？

- □ すでに任せている
- □ ☐年後を予定している

> 後継者が決まっていれば、完全に後継者に経営を任せられるゴールを明確に設定し、それを成すのは何年後とするのか具体的な数字を空欄に書き込んでみましょう。

4 株式の所有分布状況について
*株主名簿か法人税確定申告書の別表二をご用意いただくことをおすすめします。

① 現経営者の持株（議決権）割合は？

☐ ％

> 現経営者が大株主であるケースが多いのですが、まずは、現経営者の保有株式数を確認しましょう。事業承継はここからスタートです。

② 後継者の持株（議決権）は 2/3 以上ですか？

- □ 2/3 以上
- □ 2/3 未満

> 2/3未満なら、まだ後継者が経営権を確保していない状況です。今後、後継者への計画的な移転の必要があります。

③ 持株会の持株割合は 20％を超えていますか？

- □ 20％を超えている
- □ 20％を超えていない

> 従業員持株会の持株割合が大きくなっている場合、その原因を確認しておきましょう。過度の持株会への移転は禁物です。

④ 辞めてしまった従業員や第三者の持株割合は？

 ％

> 辞めてしまった従業員や取引先等の第三者が株式を保有している場合、その保有の理由や持株割合を確認しましょう。
> 第三者が保有する必要のない株式は、早々に買い取っておくか、しかるべき対処をしておいたほうが後々トラブルの種とならないでしょう。

⑤ 会社設立時の名義株主はいますか？
　□ 名義株主がいる
　□ 名義株主がいない

> 会社設立が平成2年以前の場合は、その当時7名以上の株主が必要だったため、株主の名義を借りる"名義株主"が存在する可能性大です。その場合には、名義株式の対処をしておくとよいでしょう。

5 経営権移転状況について

次ページの株式分布図を完成させて、経営権の移転状況を確認しましょう。
　□ 後継者は代表取締役である
　□ 後継者は発行済議決権株式の過半数を保有している
　□ 後継者は発行済議決権株式の2/3以上を保有している
　□ 後継者とその信頼できる親族で発行済議決権株式の過半数・2/3を保有している

> 代表権とは、株式会社では、代表取締役の地位であり、商業登記簿を変更することで手続きは完了します。
> しかし、会社を名実ともに代表することになりますので、手続きよりも、その肩書に負けない実力を後継者がつけ、事業承継を周知させる等の段取りが大切といえるでしょう。
> また、経営権を完全に移転するには、会社オーナーの権利である株式が、一定程度後継者に移されていることが必要となるでしょう。

【株式分布図】

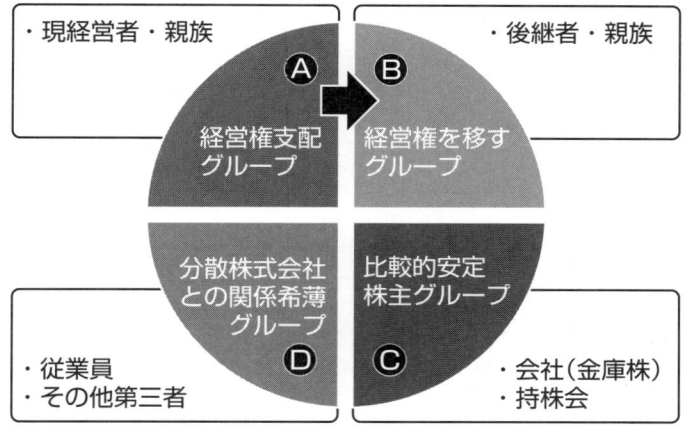

		保有株数	議決権割合
Ⓐ	現経営者	株	％
	現経営者の親族	株	％
Ⓑ	後継者	株	％
	後継者の親族	株	％
Ⓒ	会社（金庫株）	株	％
	持株会	株	％
Ⓓ	従業員	株	％
	その他第三者	株	％
	計	発行済株式数　　株	100％

中小企業の場合、事業承継の検討方針として、代表権だけでなく会社のオーナーの権利（株式）をも引き継ぐことで、完全なる事業承継といえるでしょう。経営権が確保できる株式数は、後継者及び親族等で発行済み株式の議決権数の過半数、更に安心するには、2/3以上の議決権が必要になるでしょう。よって、ⒶグループからⒷグループへ株式をどれだけ移す必要があるのかを、まずは検討しましょう。また、株式が分散している場合、経営権に支障を及ぼさないよう対策を講じておきましょう。具体的にはⒹグループの株主でトラブルが生じそうな場合には、ⒶⒷⒸのグループに株式を移転することが考えられるでしょう。

6 株価について

　会社株式（以下、自社株式）についての相続税評価額（原則的評価）の確認もしましょう。
　自社株式の評価額は大いに重要な数値です。経営権移転のために親族内での贈与・相続等の税金計算に使われるのですが、評価額が高ければそれだけ税負担コスト等が生じます。そのため、一度に移転をすることができなければ、毎年計画的に少しずつ移転するという必要が生じるわけです。なお、第三者への売買価格等については、別途株価計算する必要がありますので、ご注意ください。また、評価額は経営数値によって大きく変動する生き物のようなものです。事業承継をするなら決算期ごとに定期的に自社株式評価概算を算出し、その推移を確認しておきましょう。
　自社株式の評価額計算は複雑かつ専門的であるため、税理士等の専門家に依頼する必要があるでしょう。自社株式の評価額がわからない場合には、この情報整理での概算も困難でしょうから、その場合には以下の空欄を埋めながら、自社株式の原価的評価額が高騰している傾向にあるか否かの確認をしておきましょう。

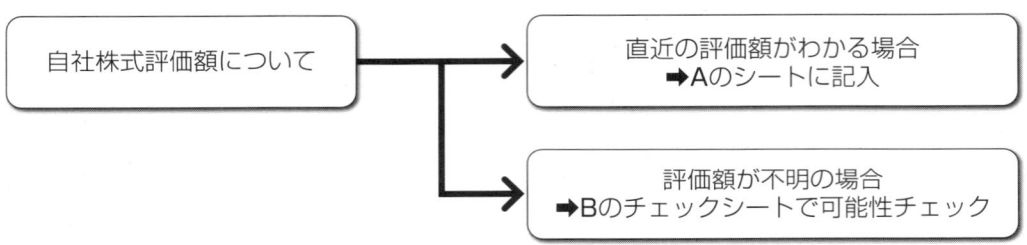

A 評価額がわかる場合

1株あたり		円
現経営者の所有株数を乗じると	株単価　　所有株数 　　　×　　　　＝	円
総議決権の50%で		円
総議決権の2/3で		円

- 出資時の何倍になっていますか？
- 相続税の評価額となります。
- 後継者が保有すべき目安です。

　自社株式評価額は、必ずしも常に原則的評価額を使うとは限りません。株式を受け取る側の状況等に応じて、原則的評価額より一般的に低い特例的評価（配当還元価額）による場合もあります。
　状況に応じた評価額の適用については、専門家に確認してください。

B 評価額が不明の場合
自社株式の評価が高騰傾向にありますか？
- ☐ ①配当を出している
- ☐ ②利益が出ている（法人税申告所得が大きい）
- ☐ ③過去の利益がたまって純資産が大きい
- ☐ ④社歴が長く、純資産が大きく負債が小さい
- ☐ ⑤帳簿価格は低いが、時価で売却すれば含み益が出る不動産等の資産がある

> これらのチェック項目は、自社株式が高騰する要素です。チェック項目数が多ければ多いほど、その各金額が大きければ大きいほど、自社株式は高騰する可能性が高いといえるでしょう。
> 評価はこれらだけで完全には判断できませんが、評価の傾向を把握してください。

7 事業関連資産について
事業関連資産の整理はできていますか？
- ☐ ①-1 会社が使用している経営者個人名義の不動産がある
- ☐ ①-2 その不動産がなければ事業が継続できない
- ☐ ②会社に対して経営者個人の資産（現金等）を貸し付けている

> 経営者の個人名義の財産で、会社が使用しているものを整理しておきましょう。
> 特に、不動産等は、事業承継後も事業が継続している限り、別の用途で使うことはできないでしょう。
> 自社株式と事業用不動産は、特別なことがない限りは、会社所有とするか、後継者へ引き継ぐことが事業承継のオーソドックスな方向性といえるでしょう。

8 連帯保証人の地位について
連帯保証人の地位の引継ぎは済んでいますか？
- ☐ ①銀行借入金に関して現経営者が連帯保証人となっている
- ☐ ②銀行に事業承継について連絡してあり、連帯保証人変更の交渉をしている
- ☐ ③後継者は連帯保証人となることに合意している

> 銀行からの借入金は、不動産担保（抵当権）か、経営者他の連帯保証がなければ、借り入れられないのが一般的です。
> 経営者が事業承継を迎えるに際して、その対処を忘れがちなのが、連帯保証人の地位の変更です。この地位の引継ぎについては必ず念頭に置いておいてください。

2 退職金の情報整理シート

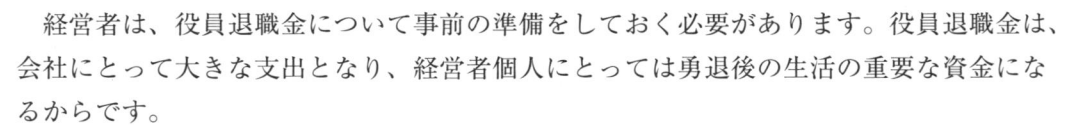

経営者は、役員退職金について事前の準備をしておく必要があります。役員退職金は、会社にとって大きな支出となり、経営者個人にとっては勇退後の生活の重要な資金になるからです。

一方、会社にとっては、資金繰りに影響が大きく、経費に計上できる金額に限度があるため、過度の退職金支給は思わぬ負担と税務トラブルが生じる可能性を否定できません。

いずれにしても、退職金の支給は、計画的にこつこつと準備をして初めて受け取ることができるものという意識を持つことが大切でしょう。

1 退職金支給準備状況について

各種の準備は整っていますか？
- □ ①経営者の退職金の資金準備はできている
- □ ②退職金規定は作成できている
- □ ③退職時期はいつにするか決めている
- □ ④他の役員の退職金の資金準備もできている
- □ ⑤退職後、会長や相談役として会社に残るかどうか決めている

2 退職金支給の目安について

法人税の損金算入額についての目安はついていますか？

退職時の報酬月額 × 勤続年数 × 功績倍率 　　法人税の損金算入限度額の目安

[　　　万円] × [　　　年] × [　　　倍] = [　　　万円]

> 役員退職金規定においては、次の算式で役員報酬額を決定するのが一般的です。
> なお、功績倍率については、多くの会社では、創業の代表取締役の場合で3倍程度、平取締役の場合で2倍程度までの水準に設定されるケースが多いようです。

3 相続の情報整理シート

人生において、誰しもが必ず経験するのが相続です。

相続は、1人の人生の終焉という意味にとどまらず、残された家族に多大な影響を及ぼす1つの事件でもあります。

さて、この相続に関して整理しなければならないことが2つあります。1つは、気持ちの整理、もう1つは物の整理、すなわち財産の引継ぎについてです。どちらもできる限り早いうちがベストでしょうが、とりわけ後者については、相続時の整理・準備状況次第では、遺産分けトラブルや相続税負担問題が生じることになりかねませんので、整理と準備が重要になります。

残される大切なご家族のために、じっくりと相続について考えてみましょう。

1 あなたの相続人について

あなたが亡くなり遺言を残していなかった場合、相続人になるのは誰ですか？ 法律で定められた相続人(法定相続人といいます)を確認することから始めましょう。

① **配偶者はいますか？**
- ☐ はい
- ☐ いいえ

> 配偶者がいる場合、配偶者は必ず相続人になります。そして、配偶者と子ども、配偶者と親、配偶者と兄弟姉妹の大きく3パターンの相続人関係図ができあがります。他に相続人がいなければ配偶者のみが相続人、配偶者がいなければ、他の相続人のみが相続人となります。
> なお、婚姻関係がない(婚姻届を出していない)、いわゆる事実婚の場合には、相続人にはなれません。

② **子どもがいますか？**
- ☐ はい　　次ページの表中パターン1か2
- ☐ いいえ

> 子どもには、養子も含みます。
> 子どもがすでに亡くなっていて、その孫がいる場合には、その孫が子どもの代わりに相続人になります。これを代襲相続といいます。

③ **親は健在ですか？**
- ☐ はい　　次ページの表中パターン3か4
- ☐ いいえ

④ **兄弟姉妹がいますか？**
- ☐ はい　　次ページの表中パターン5か6
- ☐ いいえ　　次ページの表中パターン7

> 兄弟姉妹がすでに他界していて、その孫がいる場合には、その孫が兄弟姉妹の代わりに相続人になります(代襲相続)。

2 各相続人の法定相続割合について

相続人のパターンはどうでしたか？ 次に、各相続人がどれだけ遺産を引き継ぐか、法律上の割合（法定相続割合といいます）を確認してみましょう。

	パターン	配偶者	配偶者以外の相続人（①）	配偶者以外の相続人の人数（②）	配偶者以外の各相続人の法定相続割合（①×1/②）
1	配偶者＋子ども	1/2	1/2		
2	子どものみ	―	1		
3	配偶者＋親	2/3	1/3		
4	親のみ	―	1		
5	配偶者＋兄弟姉妹	3/4	1/4		
6	兄弟姉妹のみ	―	1		
7	配偶者のみ	1	―	―	―

この法定相続割合を把握することが相続の準備のスタート地点です。なぜなら法定相続割合は、あくまで財産分けの目安だからです。このままでは、例えばマイホームや自社株式等、簡単には分けられない財産もきれいに按分して相続することになってしまうでしょう。いくらなんでもこれは現実的ではなく、おそらく相続人もそれを望まないでしょう。よって、この法定相続分はあくまで相続分の目安として捉え、実際は、財産ごとに誰に引き継がせるかをイメージする必要があります。

次に、相続する財産について確認をしていきましょう。

3 相続財産について

今、ご自身の財産はどれだけあるのでしょう？

「不動産はあそことあそこに、預金は○○銀行と××銀行に」等と、ざっくりと、そして財産種類ごとには頭に入っていることと思います。しかし、それらの財産を一覧にしたことはあるでしょうか？ おそらく、ほとんどの方はないと思います。この機会に、ぜひぼんやりと財産ごとにばらばらで認識している情報を一元化しましょう。

リストアップすることで、ご自身の財産を俯瞰できると同時に、財産ごとに誰に引き継がせたいかを整理することができます。その結果、将来起こり得るトラブルや問題が見えてくるのです。

まずは、以下のチェック項目を確認し、簡易財産目録シート（P.18）を完成させましょう。

① 自社株式を何株持っていますか？
　　□ 株主名簿か法人税申告書別表二を確認

> 自社株式は相続財産になります。経営権の証となる大切な財産です。
> また、あなたの会社の設立が平成2年以前でしたら、会社設立の際、親戚や友人に株主になってもらって出資はご自身の資金で行った、という会社も少なくありません。これらの株式を名義株式といい、あなたの相続財産になる可能性があるのでご注意ください。

② 不動産はどれだけ所有していますか？
　　□ 固定資産税納税通知書・権利証・登記簿謄本を確認

> 所有する不動産を確認するには、固定資産税納税通知書に添付されている一覧を見てください。登記をしている不動産であれば全て記載されているはずです。
> そして、それらの不動産について、会社で使っているものと個人で使っているもの、そして使っていないものに色分けして整理するとよいでしょう。
> 不動産の評価は、建物については固定資産税評価額がベースとなり、土地については原則として路線価等を中心に評価をします。したがって、建物は固定資産税納税通知書によって、路線価については税務署で確認するか、国税庁のホームページ（http://www.rosenka.nta.go.jp/）で一応の確認が可能です。

③ 預貯金はどの銀行にどれだけありますか？
　　□ 預金通帳を確認

> 預貯金は、普段使っている口座や残高が大きい口座についてだけでなく使っていない通帳や、定期預金等も含めて一度整理しておきましょう。この機会に通帳の記帳も忘れずに。
> ところで、ご自身の名義でない預金通帳でもご自身の預金を管理している場合には、それもあなたの財産です。相続税の税務調査では厳しくチェックされますのでご注意を。

④ 株式、投資信託や国債等の投資はどれだけありますか？
　　□ 証券会社から送付される運用報告書等で確認

> 投資に関しては、口座を作っている証券会社から運用報告書が定期的に届くでしょうから、まずはそれで、投資先とその評価額（時価）を確認をしましょう。最近はネット口座が多いので、パソコンでも運用状況は確認できるはずです。なお、塩漬けになっている投資先についても確認をしておきましょう。

⑤ 次ページの簡易財産目録シートを完成させましょう。
　　□ 簡易財産目録シートを記入し、財産の把握と、その種類ごとに全体に対する割合を概ね把握できている

> 簡易財産目録シートの作成の趣旨は、記入することで財産を俯瞰・整理して、不動産や金融資産の割合を確認することです。また、俯瞰した財産の引継先が決まっているものについては、引継先を記入することで遺言作成や遺産分割の方向性を確認することができます。
> 次のページの各空欄に書き込んでみて、整理をしましょう。

　簡易財産目録シートに記入した財産の相続税評価額を計算するのは、容易ではありません。しかし、概ねの評価額と財産構成はイメージできるのではないでしょうか？
　まず、注目すべき財産を確認しておきましょう。

【簡易財産目録シート】

Ⅰ. 不動産　土地・建物

所在地	建物	用途	引継先
	あり□　なし□	自用地　事業用　賃貸用　その他	
	あり□　なし□	自用地　事業用　賃貸用　その他	
	あり□　なし□	自用地　事業用　賃貸用　その他	
	あり□　なし□	自用地　事業用　賃貸用　その他	
	あり□　なし□	自用地　事業用　賃貸用　その他	
	あり□　なし□	自用地　事業用　賃貸用　その他	
	あり□　なし□	自用地　事業用　賃貸用　その他	

Ⅱ. 自社株式

会社名	持株数	引継先
	持株数	

Ⅲ. 貸付金

貸付先	およそ　　万円	引継先

Ⅳ. 現金・預貯金

銀行名	口座数	およそ　　万円	引継先

Ⅴ. 有価証券

証券会社名		およそ	引継先
	株式・投信・債権	万円	
	株式・投信・債権	万円	
	株式・投信・債権	万円	
	株式・投信・債権	万円	
	株式・投信・債権	万円	

Ⅵ. その他

	銘柄		引継先
ゴルフ会員権			
美術品・骨董品			
その他			

Ⅶ. 死亡に伴って相続人が受け取る資産

		およそ	受取人
死亡退職金	会社	万円	
死亡保険金	保険会社	万円	

Ⅷ. 借入金

	金融機関		およそ	引継先
住宅ローン		団体信用生命保険 有・無	万円	
住宅ローン		団体信用生命保険 有・無	万円	
その他借入金		事業用・その他	万円	
その他借入金		事業用・その他	万円	

4 注意が必要な財産構成パターンについて

① 後継者が引き継ぐべき事業用資産の内容はどのようですか？

- ☐ 自社株式
- ☐ 会社が使用する不動産
- ☐ 会社への貸付金
- ☐ その他会社が使う個人名義の資産

> まずは後継者が引き継ぐべき事業用資産について注目すべきです。事業承継後の経営に必要不可欠な財産だからです。
> 事業に必要な、自社株式・事業用不動産・会社貸付金・その他の事業用資産が対象となるでしょう。

② 後継者以外が引き継げる資産はありますか？

- ☐ 十分にある
- ☐ 十分とはいえない

> 一般的に経営者の相続では、後継者とそれ以外の相続人が引き継ぐ資産に不均衡が生じる傾向にあります。遺産分けトラブルを引き起こす可能性がありますので、ご注意ください。

③ 金融資産はどれくらいありますか？

- ☐ 十分にある
- ☐ 十分とはいえない

> 経営者の財産構成の特徴として、金融資産額・割合が著しく低い傾向にあります。生命保険金や死亡退職金等の受取人が決まっているものを除いて、それ以外の金融資産がどの程度あるのか確認しましょう。

④ 財産構成の傾向はどのようですか？

これらの財産構成パターンに多少なりともあてはまるという場合には、それによる問題発生の可能性を確認しておきましょう。

> 以下、いくつかの財産構成パターンを挙げます。これらのパターンとご自身の財産構成が似ている場合、注意しておきましょう。

☐ 事業用資産の割合が大きい

事業用資産 （事業用不動産・ 自社株式・会社への貸付金）	金融資産	マイホーム

> 事業承継に不可欠な事業用資産が多額にあるパターンです。これらは基本的に後継者が引き継ぐべきで、そうするとおのずと後継者の相続税負担も大きくなるので、後継者の納税資金準備が必要になる可能性が高くなります。
> また、兄弟姉妹が多い場合等には、事業用資産以外の資産を後継者を含めた多人数で分けることになるため、遺産分けのトラブルが生じかねません。簡易財産目録シートの引継先の欄を確認して、そのおそれがないか確認しましょう。

☐ 金融資産が少ない

| 事業用資産
（事業用不動産・
自社株式・
会社への貸付金） | マイホーム | その他 | 金融資産 |

金融資産が少ないパターンです。
事業用資産は後継者が、マイホームは概ね配偶者が引き継ぐ傾向が高いことを考えると、その他の相続人はその他の資産を引き継ぐことになります。金融資産が少ないということは、後継者以外が引き継げる資産が少ないということになりますので、遺産分けのトラブルの可能性を否定できません。また相続税の納税資金の準備にも苦慮するケースが多いのもこのパターンの特徴です。

☐ 借入金が大きい

| 事業用資産
（事業用不動産・
自社株式・会社への
貸付金） | マイホーム | その他 | 金融資産 |

借入金

借入金が大きいパターンです。
相続では、マイナス財産も引き継ぎます。経営者の相続では、事業承継しなければならないので、単純に相続放棄をすることは難しいでしょう。そのため借入金が大きいケースでは、それを誰が引き継ぐのかが重要なポイントになります。

5 相続税負担の予想について

　相続で相続税がかかるか否かは、重要なポイントです。相続税はそもそも全ての相続で課税されるわけではありません。概ね100件中4、5件といったところです。そのため、まずは、相続税がかかるか否かを確認することから始めましょう。相続税がおよそかかりそうもないのであれば、相続税について準備・検討をする必要はないでしょう。

　一方、相続税がかかるのであれば、はたして相続人たちにどれほどの負担が生じるのかをイメージすることは大切です。

　その場合には、専門家に相談し、財産をしっかり評価して相続税の試算をしてもらうことをおすすめします。

① 相続税がかかるか否かを確認しましょう
　□ 相続税がかかりそうだ
　□ 相続税はかからなさそうだ

> まずは、相続税がかかるか否かの判断をしましょう。相続財産の総額が、相続税基礎控除額以下であれば、相続税はかかりません。本来なら相続財産の総額を正確に計算する必要がありますが、相続税がかかるか否かの判断程度であれば概算でも可能でしょう。
> ただし、マイホームや事業用の土地について、また、死亡保険金や死亡退職金等把握しづらい財産もあるでしょうから、判断できない場合等は一度専門家に確認しましょう。

> この額よりも相続財産の総額が低ければ、相続税はかかりません！

相続税基礎控除額 ＝ 5,000万円 ＋ 1,000万円 × 法定相続人数

② 相続税がかかりそうな場合、その負担がどの程度になるか確認しましょう
　□ 相続税はおよそ　　　　　万円

> ここでは、早見表を確認して相続税概算を把握します。配偶者の有無・子どもの数と、遺産総額がわかれば、相続人全員が負担する相続税総額がどの程度か、確認することができます。税負担がどれくらいになりそうかの傾向だけでも把握しておきましょう。

③ 相続税納付資金があるか否か確認しましょう

相続財産中 預貯金と有価証券 　万円　≧／≦　相続税概算額　万円

> 原則として相続税は、現金一括納付です。延納や物納も可能ですが、相続財産中に預貯金や換金性の高い資産があれば、それで相続税を納付できます。それを超える納税額が予想される場合には、別途納税資金準備が必要となるでしょう。

【相続税額早見表】

(単位：千円)

配偶者がいる場合

課税価格(※)	配偶者＋子ども1人	配偶者＋子ども2人	配偶者＋子ども3人	配偶者＋子ども4人
1億円	1,750	1,000	500	0
1.5億円	6,000	4,625	3,500	2,875
2億円	12,500	9,500	8,125	6,750
2.5億円	20,000	15,750	13,750	12,375
3億円	29,000	23,000	20,000	18,000
3.5億円	39,000	31,750	27,500	25,000
4億円	49,000	40,500	35,250	32,500
4.5億円	59,000	49,250	44,000	40,000
5億円	69,000	58,500	52,750	47,500
5.5億円	79,000	68,500	61,500	56,250
6億円	89,000	78,500	70,250	65,000
6.5億円	99,000	88,500	79,000	73,750
7億円	110,500	99,000	88,250	82,500
7.5億円	123,000	110,250	99,500	92,500
8億円	135,500	121,500	110,750	102,500
8.5億円	148,000	132,750	122,000	112,500
9億円	160,500	144,000	133,250	122,500
9.5億円	173,000	155,250	144,500	133,750
10億円	185,500	166,500	155,750	145,000

配偶者がいない場合

課税価格(※)	子ども1人	子ども2人	子ども3人	子ども4人
1億円	6,000	3,500	2,000	1,000
1.5億円	20,000	12,000	9,000	7,000
2億円	39,000	25,000	18,000	14,500
2.5億円	59,000	40,000	30,000	24,000
3億円	79,000	58,000	45,000	35,000
3.5億円	99,000	78,000	60,000	50,000
4億円	123,000	98,000	77,000	65,000
4.5億円	148,000	118,000	97,000	80,000
5億円	173,000	138,000	117,000	96,000
5.5億円	198,000	158,000	137,000	116,000
6億円	223,000	178,000	157,000	136,000
6.5億円	248,000	198,000	177,000	156,000
7億円	273,000	221,000	197,000	176,000
7.5億円	298,000	246,000	217,000	196,000
8億円	323,000	271,000	237,000	216,000
8.5億円	348,000	296,000	257,000	236,000
9億円	373,000	321,000	277,000	256,000
9.5億円	398,000	346,000	297,000	276,000
10億円	423,000	371,000	319,000	296,000

※課税価格は、相続財産から基礎控除を差し引く前の価格とします。
※法定相続分どおりに財産を取得した場合の相続人全員が負担する相続税総額の目安
※配偶者税額軽減特例以外の各種特例等は考慮しないものとします。

6 遺言の必要性について

　遺言がなければ、相続人間で遺産分割協議をすることになります。遺産分割協議による場合、トラブルが生じる可能性や様々な不都合が生じることもあります。しかし、もし事前に法的に有効な遺言を残して、遺産の行き先を確定していたら防げるトラブルも多々あります。

> これらの項目は、遺産分割のトラブルの種を確認するものです。チェックが多い場合には遺言を作成する等、事前にトラブル回避の対策を検討しましょう。

遺言が必要か否か確認しましょう。
- □ ①相続人が複数いる
- □ ②後継者が株式や事業用不動産を確実に引き継げるのか不安がある
- □ ③相続財産に不動産が多い
- □ ④自社株式が事業に関与しない相続人等へ分散する可能性がある
- □ ⑤相続人に遺産の内容を把握している者がいない
- □ ⑥相続人以外に財産を残したい
- □ ⑦相続人に最後に伝えたいことがある
- □ ⑧幼い子どもや、経済的に心配な子どもがいる
- □ ⑨介護が必要な親族がいる
- □ ⑩相続財産の一部を寄付することを検討している

4 プライベート(セカンドライフ)の情報整理シート

　事業承継・退職金・相続の情報整理を経て、いよいよ最後に勇退後のプライベート、いわゆるセカンドライフについて分析を行います。

　手順に従いプライベートの収支と資産状況の情報を整理・数値化して、個人の収支を表す損益計算書(以下、個人PL)と貸借対照表(以下、個人BS)を作成してみましょう。

【プライベートの情報整理の流れ】

分析ステップ①　個人PL作成：まず収支について確認し、個人PLを作成します。

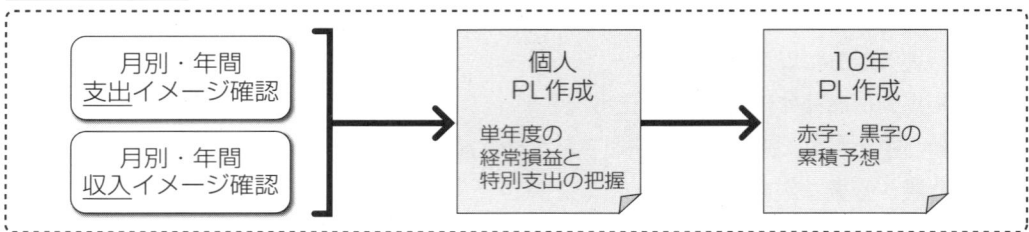

支出と収入を予想し、個人PLを作成します。さらに10年後・20年後のPLを作成して、累積する赤字・黒字状況を確認します。

分析ステップ②　個人BS作成：資産と負債を確認し個人BSを作成します。

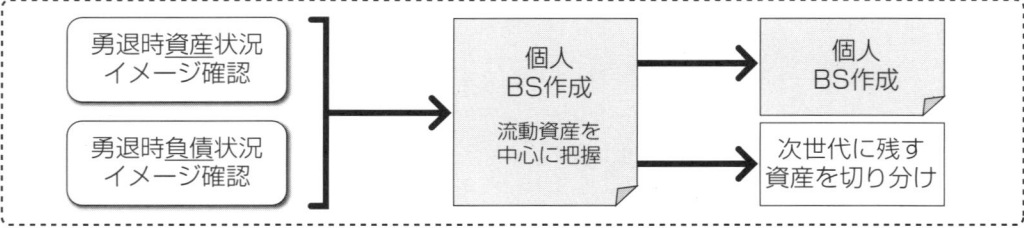

勇退時の資産・負債状況を予想し、個人BSを作成します。さらにそこから、次世代に残すべき資産(相続や贈与する資産)を除き、個人BSを完成させます。

分析ステップ③　資産過不足判定：個人PLと個人BSを総合的に確認して、セカンドライフの資金状況を分析します。

個人BSに個人PLの累積黒字(または赤字)を加えれば、10年後の資産がプラスなのか、マイナスに転じるのかがわかります。マイナスが予想されるなら対策を講じる必要があるでしょうし、プラスでも想定より低ければ、理想に近づける準備が必要でしょう。

1 分析ステップ①　個人PL作成

勇退後の生活をどのようにイメージしていますか？

会社経営の際には、毎期損益計算書を作成し、将来の経営のために活用するでしょう。プライベートについても同様に、簡単に個人PLを作成してみましょう。色々な問題点が見えてくるはずです。

A 経常支出予想

① 現在の毎月の生活費を参考に、勇退後の生活費を見積もってみましょう。

> 経営一筋の皆さまのなかには、これまで家計を意識することもなかった方もいらっしゃるのでは？　この機会にどうぞ奥様に確認してみてください。

A-①　　　万円／月

・参考データ
夫婦2人で老後生活をおくる場合の老後資金月額：38.3万円
（内訳：最低日常生活費は月額23.2万円・ゆとり資金として月額15.1万円）
（生命保険文化センター「平成19年度生活保障に関する調査」より）

② その他経常的支出を見積もってみましょう。

> 個々人で経常的な支出にも違いがあります。医療費や不動産関連費用等が典型的な支出といえるでしょう。

A-②　　　万円／月

・参考データ【医療費】
1年以内の入院における1日当たり医療費の自己負担費用：
22,700円（治療費の自己負担分・差額ベッド代・食事代等）
（生命保険文化センター「平成19年度生活保障に関する調査」より）

・参考データ【介護費用】
【1人あたりの介護費用】

	経過的要介護	要介護1	要介護2	要介護3	要介護4	要介護5
費用月額（円）	24,800	98,000	133,800	193,600	242,200	282,900

（厚生労働省「介護給付費実態調査月報」より）

③ 余暇活動にどのくらいの費用を予定されていますか？

> 余暇の時間の使い方は人それぞれ十人十色です。計画している余暇活動にはどのくらいの費用がかかるのでしょうか。

A-③　　　万円／月

・参考データ
【余暇活動に要した費用】

〈年間平均費用〉

余暇活動	費用
海外旅行	30.0 万円
ゴルフ	15.8 万円
国内観光旅行	10.1 万円
邦楽・民謡	9.1 万円
洋舞・社交ダンス	8.4 万円

〈1回当たり費用〉

余暇活動	費用
海外旅行	176,650 円
国内観光旅行	30,480 円
ゴルフ(コース)	11,010 円

(財団法人日本生産性本部「レジャー白書2009」より)

B 特別支出予想

特別支出として予想される支出の合計額を見積もってみましょう。

> 勇退後、どうしても必要になる支出もあります。子どもが結婚したり、古くなったマイホームを改修する等です。

B □□ 万円／月

・参考データ
【子どもの結婚費用】

結婚費用(結納・婚約～新婚旅行までの総額)	433 万円
親からの援助額(親からの援助がある人は78%)	198 万円

(リクルート「ゼクシィ結婚トレンド調査2009」より)

【葬儀費用】

葬儀費用合計の全国平均額	236.6 万円

(財団法人日本消費者協会第7回「葬儀についてのアンケート調査」より)

【増築・改築】

全建築物平均工事実施額	332 万円
住宅内装の模様替え	9,666,825 円
住宅台所等給排水設備の改善工事	4,137,400 円
浴室の設備改善工事	5,092,838 円
便所の設備改善工事	2,047,600 円
屋根のふき替え工事	2,514,658 円
屋根・外壁等の塗り替え工事	16,861,204 円

(国土交通省「増改築・改装等実態調査結果(平成18年分)」平成20年10月29日公表より)

C 収入予想

① 公的年金収入がどの程度見込めますか？

> セカンドライフの収入の柱は公的年金です。公的年金の受給見込み額を確かめる方法はいくつかありますので、いずれかの方法で確認してみましょう。
> (a) ねんきん定期便
> 　平成21年4月より国民年金・厚生年金の加入者へ毎年誕生月に社会保険庁から生まれ変わった日本年金機構から、年金の加入記録と見込額等が記載された「ねんきん定期便」が送られます。
> 　手元にあれば、そちらを確認してみましょう。
> (b) 日本年金機構のホームページ
> 　日本年金機構のホームページ（http://www.nenkin.go.jp/）で、「年金見込額試算」を受けることができます。試算結果は郵送または電子文書の回答を得ることができます（試算ができるのは50歳以上）。
> また、別途「年金額簡易試算シミュレーション」では、条件を入力することにより、年金の受給額をその場でシミュレーションできます。
> 　携帯電話版の「自分で出来る年金額簡易試算」もあります（http://www.sia.go.jp/k/）。
> (c) ねんきんダイヤル
> 　日本年金機構のねんきんダイヤル（0570-05-1165）にて、年金見込額試算をすることができ、試算結果は郵送されます。
> (d) 年金事務所（旧社会保険事務所）での面談
> 　年金事務所で面談を受けることにより、年金見込額試算をすることができ、試算結果は郵送されます。

C−①　　　万円／月

② 公的年金以外にどのような収入が見込めますか？

> 勇退後、会社の相談役や会長として、あるいは他の会社の取締役として等、まだまだ現役続行する場合には、給料や報酬が考えられます。新しい事業を検討されている方は、事業が軌道に乗るか否かによってその収入見込みは変動するでしょう。また、不動産からの家賃や地代収入、個人年金収入等、不労所得が見込める場合もあるでしょう。見込める金額を考えてみましょう。

C−②の1　　　万円／月

C−②の2　　　万円／月

D 個人PLへの記入

　これまで確認した支出額と収入額をP.29の各欄に転記して、個人PLを作成しましょう。まずは左側にある単年度PLに、これまで確認してきた収入と支出を記入しましょう。そして、単年度の収支が計算できたら、次は右側にある10年PLを作成しましょう。

　10年とありますが、それにこだわる必要はありません。20年でも、現在年齢から平均寿命までの期間でも結構です。

　単年度の数値を複数年分掛け算するのも結構ですし、仮定計算や独自の条件設定をするのもよいでしょう。現在想定できる事情を加味することで、現実味のある数値が計算

されるでしょう。できる範囲、できるやり方でよいので、複数年の収支について計算してみましょう。また単年度の個人PLでは計算しませんでしたが、10年個人PLでは、特別支出の合計を加味して考えてみましょう。

個人PL

単年度PL

年で計算 →

I. 経常的収入

- 公的年金　　　万円/年　P.27C-①より
- 報酬等　　　　万円/年　P.27C-②の1より
- その他　　　　万円/年　P.27C-②の2より
- 経常収入計　　万円/年

II. 経常的支出

- 生活費　　　　万円/年　P.25A-①より
- その他　　　　万円/年　P.25A-②、A-③より
- 経常支出計　　万円/年
- 経常収支　　　万円/年

単年度の経常収支は（　黒字　or　赤字　）

10年PL（期間は10年に限らない）

I. 経常的収入

- 公的年金　　　万円
- 報酬等　　　　万円
- その他　　　　万円
- 経常収入計　　万円

II. 経常的支出

- 生活費　　　　万円
- その他　　　　万円
- 経常支出計　　万円
- 経常収支　　　万円

III. 特別支出

- 合計　　　　　万円　P.26Bより

- 収支累積　　　万円/年

収支累積は（　黒字　or　赤字　）

・参考データ
【主な年齢の簡易生命表】

年齢	男性の平均余命	女性の平均余命
45	35.72	42.01
50	31.15	37.27
55	26.73	32.62
60	22.54	28.06
65	18.56	23.59

（厚生労働省「平成19年簡易生命表 主な年齢の簡易生命表」より）

2 分析ステップ②　個人 BS 作成

　個人 PL の作成によって、単年度では収支赤字か黒字か、また累積でどれだけ資産が増減するかがイメージできたでしょうか？

　もし累積赤字（つまり持ち出し）がある場合には、何も手だてを講じないとすれば、それらを保有資産で補うことになります。逆に累積黒字となれば、その分保有資産が増加することになるでしょう。

　それでは次に、勇退時の資産と負債の状況について確認して個人 BS を作成しましょう。

A 勇退時の資産状況について

① 勇退時の換金性の高い資産（金融資産）について確認してみましょう。

> 銀行預金や郵便貯金については通帳を、投資商品については直近に送られてきた残高明細を確認しましょう。また、保険については、保険証券で解約返戻金（現在解約したとしたら戻ってくる金額）を確認してください。
> それぞれの金額を、下の空欄に書きこんでみましょう。

1．現金について	万円
2．預貯金について	万円
3．有価証券（株式・社債・国債・投資信託）	万円
4．保険の解約返戻金について	万円
5．その他資産について（会社に対する貸付金等）	万円

② 勇退時の不動産について確認してみましょう。

> 不動産については、まずマイホーム・事業用資産・その他の用途の不動産に分類しましょう。

1．賃貸用不動産（収益物件）	（売却可・否）	利用区分数(※)
2．利用なし不動産	（売却可・否）	利用区分数
3．別荘	（売却可・否）	利用区分数
4．事業用不動産（会社使用個人名義不動産）	（売却可・否）	利用区分数
5．マイホーム	（売却可・否）	利用区分数

※利用区分数は、筆が分かれていても、同じ用途に使われていれば、1利用区分とします。

B 勇退時の負債について

負債について確認してみましょう。

> 住宅ローンや事業に関する借入金が残っている場合には、それらを確認しておきましょう。仮に勇退時の退職金で返済するつもりであっても、きちんと把握しておくことが大切なので、記入してください。

1．住宅ローン残高予想	万円
2．その他の借入金残高予想	万円

C 個人 BS 作成について

　生活に関係する資産について、流動資産と不動産、そして負債について確認しました。そして便宜上、将来的に換金して活用できる資産、将来支払う必要のある負債だけを個人 BS に計上するものとします。

　流動資産には、勇退退職金を加算し、固定資産については、売却可能（換金可能）なもののみ載せておきましょう。

　個人 BS が作成できたら、家族に残すべき資産と活用できる資産に分けて整理してみましょう。

個人BS

個人BS（勇退時）

I. 流動資産 P.30 Aより

項目	金額
現金	万円
預貯金	万円
有価証券	万円
保険解約返戻金	万円
退職金	万円
流動資産計	万円

II. 固定資産 P.31 Bより

項目	
売却可能不動産	利用区分数

III. 負債

項目	金額
住宅ローン	万円
その他借入金	万円
負債合計	万円

個人BSが完成したら、流動資産のうち、次世代（子どもたち）に残すべき財産（つまり最低限相続財産となるもの）は、勇退後の生活には使えないものとして取り置いておきましょう。振り分けができたら個人BSには純粋に換金可能資産だけが残り完成となります。

→ 家族に残す分を振り分け →

個人BS（次世代に残す資産を除いた純粋な換金可能資産による）

I. 流動資産

項目	金額
現金	万円
預貯金	万円
有価証券	万円
保険解約返戻金	万円
退職金	万円
流動資産計①	万円

II. 固定資産

項目	
売却可能不動産	利用区分

III. 負債

項目	
住宅ローン	利用区分
その他借入金	利用区分
負債合計②	万円
純資産合計 ①-②	万円

項目	金額
家族に残す資産現金	万円
預貯金	万円
有価証券	万円
保険解約返戻金	万円
退職金	万円
資産合計	万円

3 分析ステップ③　資金過不足判定

　個人 PL と個人 BS が完成しました。あなたの個人 PL（複数年）の最終値「収支累積」は、あなたが想定したセカンドライフを謳歌する間の収支の合計です。もし収支累積が赤字の場合には、個人 BS の純資産を切り崩さなければなりません。それで補えればよいのですが、補いきれないとなれば、その分の対処が必要でしょう。

　逆に、収支累積が黒字であれば、あなたのセカンドライフの支出は勇退後の収入だけで足り、想定外の事態に陥らない限り資産を切り崩すことがないと予想できますので、ひとまずは安心できるでしょう。

【資金過不足判定の流れ】

❶ 個人PLの収支累積は黒字か赤字か？

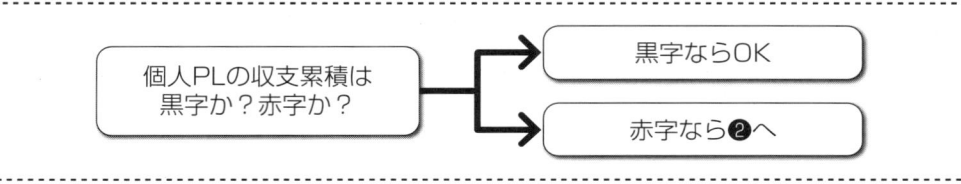

```
個人PLの収支累積は   →  黒字ならOK
黒字か？赤字か？     →  赤字なら❷へ
```

❷ 収支累積赤字と個人BSの純資産のどちらが大きいか？

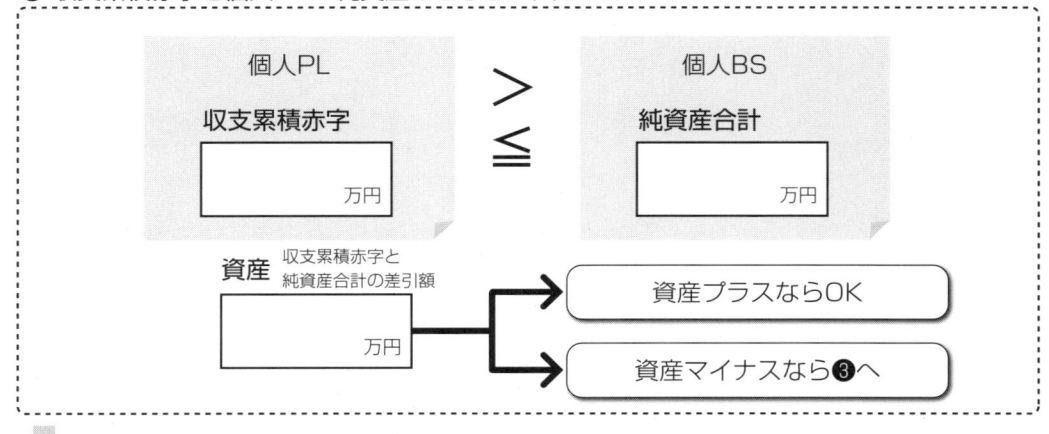

```
個人PL              個人BS
収支累積赤字   ≷    純資産合計
    万円              万円

資産  収支累積赤字と
      純資産合計の差引額
    万円           →  資産プラスならOK
                   →  資産マイナスなら❸へ
```

❸ 資産マイナスを解消する対策準備を検討

資産がマイナスになるということは、このままでは思いどおりのセカンドライフを謳歌できない可能性があり、安心できません。早急に対策を検討しましょう。具体的に収入を増やす方法や、支出で削減できるところはないか再度検討しましょう。

1. 収入を増やす方法の検討	4. 経常支出を減らす方法の検討
2. 一時金収入の準備（退職金等）	5. 特別支出を減らす方法の検討
3. 資産を増やす方法の検討（資産運用等）	

第 3 章【現状分析編】
チェックシートでわかる!
勇退準備の
優先順位

必要に応じて事業承継・退職金・相続そしてプライベートの各種イベントごとに情報整理を終えました。すでに明確になった問題点や不安もあるかもしれません。

次に、イベントごとの情報整理を受けて対策実行の優先順位を確認していきましょう。今後の対策を練ろうとしても、どこから手をつけたらよいのか頭を悩ませることがないように、優先順位を確認することが、この章の趣旨です。

具体的には、以下のように、優先順位を確認していきましょう。
① P.37以降に挙げたイベントごとに設けた各チェックシートにYesかNoで答えてください。
② Yesの数で、そのイベントの準備の優先度がわかりますので、あてはまる重要度（A・B・C）に丸をつけてください。
③ 各イベントの重要度をこのページの下のイベント対策の優先順位表にそれぞれ記入してください。
④ 重要度が高い順番に、優先順位を記入してください。イベント間の重要度が同じ場合には、上位にあるイベントほど優先順位が高いものとしてください（例えば、事業承継と退職金の準備の重要度が共にAだとすれば、上位にある事業承継の準備が優先順位1、退職金の準備が2となります）。

なお、例えば、P.4の診断チャートで「退職金準備優先タイプ」という結果が出ていたら、退職金準備より上位にある「事業承継の準備」については、第2章での情報整理シートも記入していないでしょうし、このチェックシートでも確認をする必要はありません。退職金の準備や、相続の準備、プライベート（セカンドライフ）の準備のチェックシートを確認し、それぞれの重要度を把握し、優先順位をつけて対策を考えましょう。

【イベント対策の優先順位表】

	重要度	優先順位	第4章【解説編】勇退準備の各種ポイント解説へ
事業承継の準備（チェックシート P.37）	重要度　A・B・C		P.53〜
退職金の準備（チェックシート P.38）	重要度　A・B・C		P.62〜
相続の準備（チェックシート P.39）	重要度　A・B・C		P.69〜
プライベート(セカンドライフ)の準備（チェックシート P.40）	重要度　A・B・C		P.79〜

各イベントの優先順位が確認できたら、第4章【解説編】勇退準備の各種ポイント解説を読んで、対策を実行しましょう。

1 事業承継の準備重要度チェックシート

以下の10項目の質問に「Yes」「No」で回答してください。

No.	チェック項目	Yes	No
1	後継者が決まっていない	☐	☐
2	後継者の育成がまだまだである	☐	☐
3	後継者はまだ代表取締役として経営に携わっていない	☐	☐
4	後継者とその信頼できる親族だけで株式の議決権の2/3以上を保有していない	☐	☐
5	事業承継計画を作成していない	☐	☐
6	会社と関係性の薄い株主がいる	☐	☐
7	取引先や銀行は、事業承継についての十分な認知をしていない	☐	☐
8	連帯保証人の地位を後継者へ引き継いでいない	☐	☐
9	後継者は従業員や現経営陣から十分な信頼を得ていない	☐	☐
10	後継者が自社株式等を買い取るには、対価や税務コスト等、経営権確保のための資金的な問題がある	☐	☐

「Yes」の合計点数を記入してください ➡ ☐

事業承継の準備重要度

A　B　C

↓

P.36【イベント対策の優先順位表】に記入

重要度	合計点数
A	8～10
B	4～7
C	0～3

2 退職金の準備重要度チェックシート

以下の8項目の質問に「Yes」「No」で回答してください。

No	チェック項目	Yes	No
1	会社で役員退職金の資金準備をしていない	☐	☐
2	役員退職金規定がない	☐	☐
3	現在の経営状況から、まとまった支出は資金繰りに影響が大きい	☐	☐
4	役員退職金の法人税損金算入額の目安については未確認である	☐	☐
5	役員退職金の個人所得税等の負担額や手取りがわからない	☐	☐
6	退職時期をいつにするか決めていない	☐	☐
7	退職後、会長や相談役として会社に残るつもりである	☐	☐
8	その他の役員の退職金の準備ができていない	☐	☐

「Yes」の合計点数を記入してください ➡ ☐

退職金の準備重要度
A　B　C
↓
P.36【イベント対策の優先順位表】に記入

重要度	合計点数
A	6～8
B	2～5
C	0～1

3 相続の準備重要度チェックシート

以下の10項目の質問に「Yes」「No」で回答してください。

No	チェック項目	Yes	No
1	自社株式がどれほどの相続税評価額になるか試算したことがない	☐	☐
2	経営者の相続で、相続税がどれくらいになるか試算したことがない	☐	☐
3	自社株式・事業用資産について確実に後継者へ引き継げるか不安だ	☐	☐
4	相続人が複数いる	☐	☐
5	経営者の相続財産に現金・預貯金の流動資産が少ない	☐	☐
6	自社株式の評価額が大きくなる可能性を否定できない （要因：業歴・利益・配当・純資産他）	☐	☐
7	相続財産の大半が不動産である	☐	☐
8	遺産分割が相続人間でまとまらない可能性がある	☐	☐
9	相続時点で負債が残っている可能性が高い	☐	☐
10	経営者が会社に対して多額の貸付金を有している	☐	☐

「Yes」の合計点数を記入してください ➡ ☐

相続の準備重要度

A　B　C

↓

P.36【イベント対策の優先順位表】に記入

重要度	合計点数
A	8〜10
B	4〜7
C	0〜3

4 プライベート（セカンドライフ）準備重要度チェックシート

以下の10項目の質問に「Yes」「No」で回答してください。

No	チェック項目	Yes	No
1	勇退後の生活に漠然とした不安を感じる	☐	☐
2	勇退後にやりたいことが多いが、収入面のめどが立たない	☐	☐
3	勇退後の単年の収支、単月の収支が赤字となりそうだ	☐	☐
4	勇退後のプライベートの収支予想から、相当程度退職金に頼らなければならない	☐	☐
5	公的年金によって確保される収入だけでは不安がある	☐	☐
6	勇退後、ローンの繰り上げ返済を検討している	☐	☐
7	万一の際に、残された家族の生活が心配である	☐	☐
8	勇退後に積極的な投資を検討している	☐	☐
9	生命保険による保障では、勇退後の生活にマッチしないと思う	☐	☐
10	介護や病気が心配なのだが、医療費等の資金面で不安を感じる	☐	☐

「Yes」の合計点数を記入してください ➡ ☐

プライベート（セカンドライフ）準備重要度

　A　B　C

↓
P.36【イベント対策の優先順位表】に記入

重要度	合計点数
A	8〜10
B	4〜7
C	0〜3

第4章【解説編】

具体的にどうすればよいかがわかる!
勇退準備の各種ポイント解説

1 セカンドライフにおける収入と支出

1 個人決算書（個人BS・個人PL）について

　経営者にとって決算書は、経営上非常に大切な指標であり、判断材料であり、経営課題を見つけるためのカルテでもあります。

　経営者のプライベートも同様に、個人PLを作成していただきました。勇退プランを考えるにあたっても個人PLの考え方は非常に重要で、年間収支と勇退後から寿命までの期間の年間収支積算がプラスとなるかマイナスとなるかのイメージができなければ、準備のしようがありません。

　まずは、単年度の個人PLによって、年間の収支がプラスなのかマイナスなのかを確認しましょう。これは通常の損益計算書でいう経常利益にあたります。単年度でマイナス（赤字）であれば、毎年度資産を取り崩しながら生活をするということになります。ありあまるだけの資産を築きあげているなら問題ないかもしれませんが、そうでもないかぎり収支マイナスが資産を取り崩すことは、やはり精神的に不安が残るでしょう。何らかの対応を試みたいところです。

　本書では、勇退後の生活が豊かで、金銭的にも余裕のある生活を送ることを目的にしていますので、現在想定している支出を前提としてスタートし、収入・資産を増やすことに主眼をおいて解説します。経営に例えれば、リストラクチャリングをする前に、積極的に売上げを伸ばそうというわけです。

　少なくとも、単年度で赤字額と同程度の収入を確保する必要があります。それも、できれば一時金によるのでなく経常的収入が増やせれば、その分だけ安心して暮らすことができるでしょう。

　まずは、現状把握と予想可能な情報、今後のセカンドライフの方針を加味して、収入増加を目指したプランを描くことから始めましょう。

2 経常的収入について

　経営者の現役時の収入構造は、何といっても役員報酬が柱となるでしょう。加えて個人名義の不動産等を会社が使っている場合(事業用不動産)には、地代家賃が会社から入ってくるという場合もあるでしょう。また、金融資産からの配当や、賃貸不動産の家賃収入等の副収入もあるかもしれません。

　これまで、その収入構造が勇退後はどう変わるのかについて確認をしました。勇退前後の収入構造の変化に着目すると、大半の経営者は収入の柱である役員報酬がなくなり、それに代わり公的年金収入の受け取りが始まるということになるわけです。当然、収入が激減するという場合がほとんどではないでしょうか？

　この減少した収入を、何によって補うのかが、セカンドライフプランの中核であるといってよいでしょう。

COLUMN

勇退後の離婚の危機と年金分割

　もはや「熟年離婚」という言葉に珍しさはありません。縁起でもありませんが、夫の退職を機会に離婚する夫婦が増えているようです。

　その際に注目されるのが、年金の行方です。家庭は夫婦によって支えているという前提から、家事や育児に対応する寄与分として、妻が最大1/2の年金を年金分割できるという制度があります。

　この年金分割制度について、もう少し掘り下げると、まず、分割対象は厚生年金部分に限り、老齢基礎年金は対象外となります。

　また、年金分割制度は、「強制分割」と「合意分割」の2種類があります。強制分割は、妻の請求により文字どおり強制的に分割されるのですが、分割対象は平成20年4月以後分の年金が対象です。合意分割は、夫婦の合意が原則で、平成19年3月以前の婚姻期間分の年金も対象となります。

　よって、実質的に年金分割がその効果を発揮するのは、合意を前提としたときといえるでしょう。離婚の危機が迫っていたら年金分割で厚生年金収入が半減する可能性があるということでもあります。

　年金分割の心配をするよりも夫婦円満の努力をして、そんな心配をふきとばしたいものですね。

【収入構造の変化】

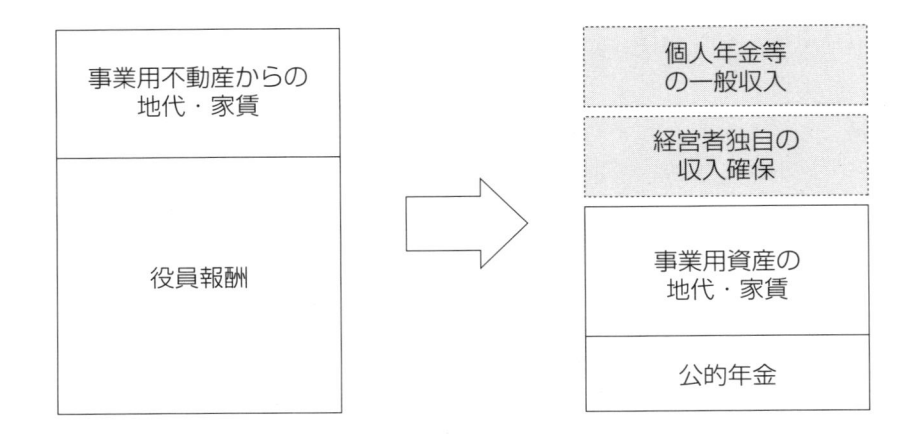

```
┌─────────────┐          ┌─────────────┐
│事業用不動産からの│          │個人年金等    │
│  地代・家賃   │          │の一般収入    │
│             │          ├─────────────┤
├─────────────┤    ⇒     │経営者独自の  │
│             │          │  収入確保    │
│             │          ├─────────────┤
│  役員報酬    │          │事業用資産の  │
│             │          │  地代・家賃  │
│             │          ├─────────────┤
│             │          │  公的年金    │
└─────────────┘          └─────────────┘
```

(1) 経営者独自の収入確保：勇退後の役員報酬

　一般的には、第一線を退いた後は、報酬を受け取ることはありません。ところが中小企業の場合、事業承継の過程で、勇退後もまだ後継者1人には任せきれないという場合も多々あります。

　そういう場合、勇退後も会長職や相談役として陰で経営者を支えるということも可能です。詳しくは、P.55等を参照ください。

　その場合、取締役会長のように、代表権のない役員に在任するのであれば役員報酬を、相談役のように役員からも退任して名誉職となるのであれば、一定の報酬（顧問料や給与）を受け取ることができます。報酬額は、その後の責務に見合った額が相当となるでしょう。

　ただし、退職金を受け取り、所得税等の優遇を受けようと思えば、勇退後受け取る役員報酬をそれまでの半分以下に抑える等の対処も必要になるでしょう。詳しくは、P.62を参照してください。

(2) 経営者独自の収入確保：勇退後の地代家賃

　経営者の個人名義不動産を会社が使っている場合では、会社から地代家賃を受け取っている経営者もいることでしょう。

　勇退後も事業が継続し、引き続き会社が活用するならば、その地代家賃は勇退後の収入源となるでしょう。しかし、それらの事業用不動産は相続財産となり、相続税の対象となることも忘れてはいけません。

　一方、勇退後、事業を継続しない場合、また、会社等に事業用不動産を売却するといった場合には、当然ながらその後、地代家賃は収入として見込めません。

(3) 経営者独自の収入確保：勇退後の配当収入

経営者は、勇退する会社の大株主（オーナー）であるケースが大半でしょう。株主として、会社から配当を受け取ることも収入源の１つといえるでしょう。

未上場会社からの配当収入は、所得税の計算上総合課税として取り扱われます。他に役員報酬等の総合課税の対象となる収入を多額に受け取っている場合では、それらと合算されますので、高額の所得税が課税されます。一方、会社においては、配当は税引き後の利益や剰余金から支払いますので経費になりません。

そういう理由から、税務対策等の観点から勇退前に配当を受け取ることはほとんどなかったのではないでしょうか？

しかし勇退後であれば、大株主である経営者の独特の収入源ともなり得ます。勇退後も株式を保有し続けるのであれば、その後の会社経営に余裕があり資金繰りに支障をきたさない範囲で、配当を受け取ることも可能です。

(4) 経営者独自の収入確保：勇退後の会社への貸付金の回収

経営者として、経営上資金繰りの必要性に迫られ、個人の資産を投じて急場をしのいだこともしばしばあったことでしょう。それらの資金は、決して会社に贈与したわけではなく、会社への一時的な貸付（会社からすると役員借入金）として後々返済を受ける予定のはずです。しかし、これらは返済されることなく、会社の負債として長い間計上されたままというケースも少なくありません。

また、会社にとっても借入金ですから、財務的に負債比率を引き上げ、自己資本比率を引き下げるため、金融機関からの資金調達時等においてはマイナス要因となることには違いありません。

会社の資金繰りがよいときに返済を受けておく、すなわち貸付金の回収をしておくとよいでしょう。

これは収入確保というよりは、貸していたものを返してもらうというだけのことですが、この存在すら忘れてしまっていたという方も多いのではないでしょうか？　これを機に、会社の貸借対照表を確認してみましょう。

3 一時的収入について

(1) 経営者独自の収入確保：勇退退職金

勇退退職金は、セカンドライフにむけて個人PLで不足する準備資金を補うための重要な収入源の１つです。

経営者の退職金が、一般の会社員が受け取る退職金と違う点は、経営者自らが準備し、退職金規定を作り、十分な資金準備をしなければ受け取れないことです。しかし、視点を変えれば、自身の勇退に合わせて、退職金をある程度コーディネートすることも可能であるということです。

ただし、最も注意しなければならないのは、退職金の支給は会社の資金繰りに影響を与えることです。会社のことを考えると、勇退時の経営状況によってはせっかくの退職金も思いどおりに受け取ることができないリスクもあるでしょう。
　そのため退職金を確実に受けるつもりであれば、できるだけ早い時期から会社で計画的な資金準備をしておかなければならないのです。
　なお、各種税法的な注意点については、P.62、P.63等を参照ください。

(2) 小規模企業共済

　小規模企業共済とは、経営者等の会社役員が退職した後の生活資金等をあらかじめ積み立てておく共済制度で、国が全額出資している独立行政法人中小企業基盤整備機構が運営する共済制度です。
　常時使用する従業員が20人（商業とサービス業では5人）以下の個人事業主か、法人（会社等）の役員であれば加入可能です。
　掛け金は、月1,000～70,000円の範囲内で自由に選ぶことができ、全額所得控除となりますので、準備時の所得税・住民税の軽減が魅力です。
　また、退職時に受け取る共済金も、一時金であれば退職所得として、年金受け取りであれば、公的年金として取り扱われますので、税制上、非常に優遇されているといってよいでしょう。
　さらに、税制上の優遇に加えて事業資金の貸付等も受けられ、利便性が大きいので、役員の退職金積み立てに活用を検討するのもよいでしょう。

4 その他の収入確保についてのポイント

　経営者（役員）特有の収入確保の手段について、いくつか紹介してきましたが、その他にも一般的にセカンドライフの収入源として考えられる手段についてご紹介します。

(1) 個人年金保険

　公的年金に加えて、私的にセカンドライフの収入を補充する金融商品です。現在では、保険会社だけでなく、証券会社や銀行等の金融機関でも取り扱っており、商品により様々な特徴がありますが、受取条件ごとに大きく分類すると、確定年金・有期年金・終身年金の3つに大別できるでしょう。

【主な個人年金保険】

確定年金	生死に関係なく、一定期間年金を受け取れるタイプ
有期年金	生きていることを条件に一定期間年金を受け取れるタイプ
終身年金	生きている限り、死ぬまで年金を受け取れるタイプ 保証期間があれば、その間は受取人死亡後も遺族が年金を受取り可能

積立金の運用ごとに大別すると、定額年金・変額年金があります。

定額年金	契約時に利率が固定され、将来どれだけ年金が受け取れるのかが明確です。
変額年金	株式・債券等で積極的に運用するため、運用実績によって受取額が変動します。

　その他にも商品によって様々な特徴がありますので、信頼できる金融機関のコンサルタントに相談をして、希望するセカンドライフに合った商品の紹介を受けるとよいでしょう。

(2) 不動産投資

　不動産投資は、不動産そのものに投資する方法と、最近では、不動産投資信託(REIT)に投資するという方法があります。後者は、証券投資に分類できるかもしれませんが、投資先が不動産で、その賃貸収入が分配されるので不動産投資の一種ともいえるでしょう。

　不動産そのものに投資するには、空室、家賃の低下、コストや金利変動のリスクや管理の手間等があります。また不動産所得となりますので、賃貸収入等から必要経費を管理・計算して確定申告をしなければなりません。

　一方、不動産投資信託の場合には、税制に関しては、基本的に証券投資と同じ取扱いになりますので、それほどの手間は感じないでしょう。

(3) 証券投資

　証券投資に関しては、セカンドライフを迎える多くの方々が興味を持っているようです。あるアンケートでは、退職金の半分を預貯金と資産運用にまわす予定という結果もあるようです。また、7割の人が生活設計や使い道を検討したうえで、最初に預け入れられた銀行預金口座から、都市銀行や郵便局、証券会社等へ預け替え、「定期預金」「株式」「投資信託」等の金融商品に変更しているともいわれています。

　証券投資について、その方針や方法については、投資経験や個人の方針にもよるでしょうから、それを記述するのは本書の趣旨からは外れるので詳細は挙げませんが、自分自身が理解できなかったり、わからない投資先には投資しないこと、1つの金融機関や金

融商品に偏ったポートフォリオを組むのではなく、できるだけ分散投資を心がけリスクヘッジすることを念頭に置きながら取り組むのが、投資の鉄則といえるでしょう。十分に心がけておくとよいでしょう。

こうしたことをふまえたうえで、セカンドライフの収入源とするつもりの投資なら、換金性の高い商品、定期的に収入が入る年金商品等を投資の中心にすえるのもよいでしょう。

5　60歳以上でも報酬があれば年金が減額されることもある（在職老齢年金）

これまで会社で厚生年金に加入していた場合、勇退後、60歳から65歳より老齢厚生年金が支給されます。勇退後の大切な収入源です。

しかし、仮に第一線の社長から退くも、引き続き何らかの給与を受け取るという場合で、厚生年金に引き続き加入するなら、その給与額と老齢厚生年金の合計額によっては、老齢厚生年金額の一部または全額がカット（支給停止）されます。

これを在職老齢年金といいます。

ちなみに65歳までと65歳以降在職のケースで、その計算に違いがあります。

【65歳未満の在職老齢年金の支給停止のしくみ】

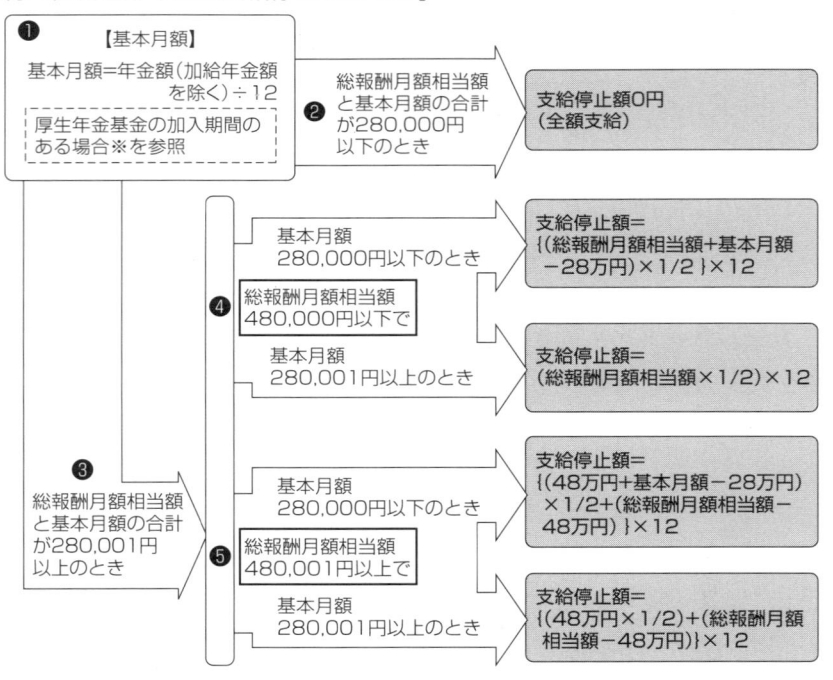

❶【基本月額】
基本月額＝年金額（加給年金額を除く）÷12
厚生年金基金の加入期間のある場合※を参照

❷ 総報酬月額相当額と基本月額の合計が280,000円以下のとき
→ 支給停止額0円（全額支給）

❸ 総報酬月額相当額と基本月額の合計が280,001円以上のとき

❹ 総報酬月額相当額480,000円以下で
- 基本月額280,000円以下のとき
  → 支給停止額＝{(総報酬月額相当額＋基本月額－28万円)×1/2}×12
- 基本月額280,001円以上のとき
  → 支給停止額＝(総報酬月額相当額×1/2)×12

❺ 総報酬月額相当額480,001円以上で
- 基本月額280,000円以下のとき
  → 支給停止額＝{(48万円＋基本月額－28万円)×1/2＋(総報酬月額相当額－48万円)}×12
- 基本月額280,001円以上のとき
  → 支給停止額＝{(48万円×1/2)＋(総報酬月額相当額－48万円)}×12

※総報酬月額相当額＝その月の標準報酬月額＋$\dfrac{その月以前の1年間の標準賞与額の合計額}{12}$

※厚生年金基金加入期間のある方の基本月額は、国に代わって各厚生年金基金または厚生年金基金連合会から支払われる代行部分も含んだ年金で計算されます。

(社会保険庁ホームページより)

【65歳以上の在職老齢年金の支給停止のしくみ】

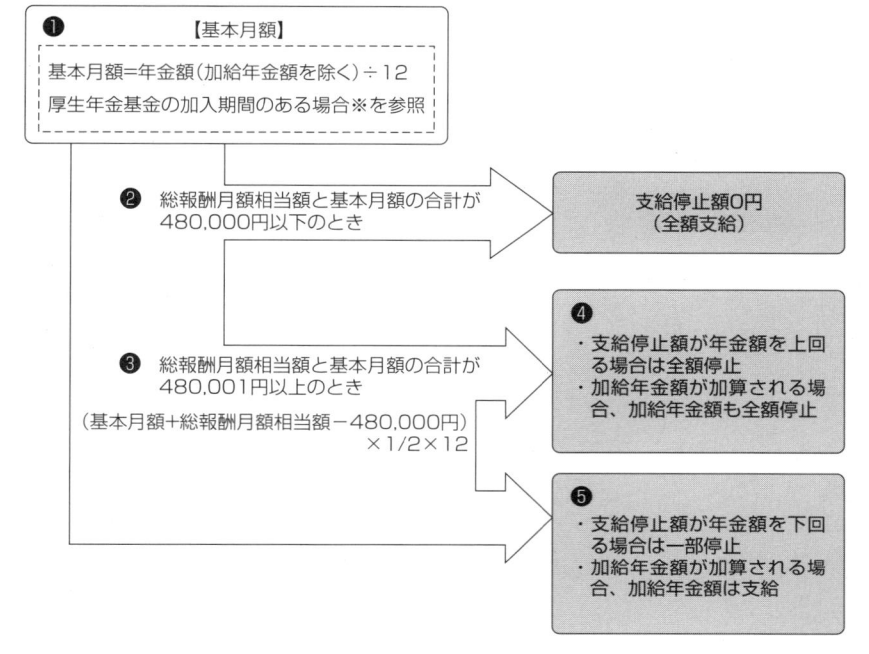

❶【基本月額】
基本月額＝年金額（加給年金額を除く）÷12
厚生年金基金の加入期間のある場合※を参照

❷ 総報酬月額相当額と基本月額の合計が480,000円以下のとき → 支給停止額0円（全額支給）

❸ 総報酬月額相当額と基本月額の合計が480,001円以上のとき
（基本月額＋総報酬月額相当額－480,000円）×1/2×12

❹
・支給停止額が年金額を上回る場合は全額停止
・加給年金額が加算される場合、加給年金額も全額停止

❺
・支給停止額が年金額を下回る場合は一部停止
・加給年金額が加算される場合、加給年金額は支給

※総報酬月額相当額＝その月の標準報酬月額＋$\dfrac{その月以前の1年間の標準賞与額の合計額}{12}$

※厚生年金基金加入期間のある方の基本月額は、国に代わって各厚生年金基金または厚生年金基金連合会から支払われる代行部分も含んだ年金で計算されます。

（社会保険庁ホームページより）

　65歳になるまでは、標準報酬月額とその月以前1年間の標準賞与総額の1/12を総報酬月額相当額とし、その額と1月当たりの老齢厚生年金額（基本月額）が28万円を超えると減額されます。65歳以降は、その額が48万円を超えると減額されます。
　勇退後も引き続き厚生年金に加入して一定の職に就く場合には、思わぬ収入減となりますので、念頭に置いておくとよいでしょう。

6　収入と税金

　セカンドライフの収入について、公的年金を柱に経営者独自の収入・一般的な収入について説明しましたが、それらの税制上の取扱いについても確認しておきましょう。
　税制上優遇されている収入は、その税引き後の手取りが大きくなります。
　以下、一覧にしましたのでご確認ください。

【経営者独自の収入源】

収入の種類	公的年金	役員報酬	会社からの地代家賃	配当収入	貸付金回収	退職金	小規模企業共済金
課税	あり	あり	あり	あり	なし	あり	あり
所得種類	雑所得	給与所得	不動産所得	配当所得	—	退職所得	退職所得
所得税法上の各種優遇制度	公的年金等控除	給与所得控除	—	—	—	①退職所得控除 ②1/2課税 ③分離課税	①退職所得控除 ②1/2課税 ③分離課税
備考	—	—	収入と必要経費の管理と確定申告が必要	—	—	年金受取なら雑所得（公的年金と同じ取扱い）	①年金受取なら雑所得（公的年金と同じ取扱い） ②掛金も所得控除の対象
優遇度合※	A	B	C	C	—	A	A

【一般的な収入源】

収入の種類	個人年金	不動産投資	証券投資
課税	あり	あり	あり
所得種類	雑所得	不動産所得 or 事業所得	配当所得・譲渡所得
所得税上の制度	公的年金等控除なし	—	①平成23年末まで10%の税率（平成24年以降20%の税率） ②譲渡損失3年間繰越控除制度 ③配当と譲渡損の損益通算他
備考	—	収入と必要経費の管理と確定申告が必要	特定口座制度の活用で税金計算や確定申告の手間が省略可能
優遇度合※	B	C	B

※ 各収入を比較し優遇度合いをA〜Cで分類しました。

7 支出について

ここまで、収入をいかに確保するかについて検討をしましたが、支出についても少しだけ説明します。

前述しましたが、本書はセカンドライフを謳歌するためのツールです。理想の生活や、やりたいことの達成にコスト（支出）がかかるのは当然です。そのコストを削減する、いわゆるリストラクチャリングは、収入の幅広い可能性を検討する現段階で行うことではないと考えます。しかるべき時期に検討することをおすすめします。

ただし、例外的に勇退後の方針を検討しておきたい支出が2つあります。1つは生命

保険料、もう１つはローン返済です。

この２つは、セカンドライフへの影響が大きいので勇退前にある程度方向性の検討をしておきましょう。

(1) 生命保険の見直し

多くの経営者は、現役時に生命保険に加入しています。ところが、その生命保険の保障額が、必要としている保障額から遠くかけ離れているケースが多いのも事実です。勇退という、人生でも何度とない生活スタイルの変化の節目ですから、生命保険の見直しのタイミングでもあります。すでに必要でなくなった保障、追加で必要な保障については、見直すとよいでしょう。

万が一の際に残された家族の生活を考えて加入した生命保険も、加入時と状況や生活環境が変わっていませんか？

COLUMN
もしも財産管理できない状況になったら

将来的に、高齢や痴呆が原因で、判断能力が低下することは仕方のないことといえるかもしれません。しかし、これにより、現在思い描いている生活ができなくなるのは望ましくありません。

そこで、事前に財産を管理する方針等を契約しておき、いざ判断能力が衰えてきたときに後見してもらうという任意後見契約は、まさに備えあれば憂いなしの制度といえるでしょう。

後見人には信頼できる人を選ぶべきですが、後見人が不正をしないように後見監督人を家庭裁判所が選任してくれますので、さらに安心ができます。

一方、任意後見契約前に、判断能力が低下した場合には、事後的対応として法定後見制度があります。後見人選任の申立てをして法律で定められた権限を行使する後見人が選任されることになります。

【任意後見と法定後見】

任意後見	あらかじめ自身の後見人を決め、その権限を契約によって定めておく
法定後見	事後的に、家庭裁判所が法律に定めた権限を行使する後見人を選任する

自身の意向どおりの後見をしてほしいという希望があるならば、任意後見契約により事前対応しておくべきでしょう。

子どもが成人すれば、生活費の見積もりが変わるでしょう。教育費の負担もなくなります。保険の目的が家族の生活費を保障するものであるならば、保障を以前より小さくしてもよいかもしれません。
　逆に、若い頃は健康で病気の1つもしなかったとしても、年をとった今となっては医療保障を厚くしておく必要性は高まるでしょう。
　また、相続のリスクを考えると、残された相続人の相続税負担や遺産分割のトラブルが生じる可能性があるなら、それに対応して保障でカバーするということも考えられます。
　いずれにしても、保険料支出が勇退を機に変動する可能性は極めて高いでしょうから、保険証券を引っ張り出して確認しましょう。
　不明点があれば、信頼できる生命保険コンサルタントに相談するとよいでしょう。

(2) ローンの返済

　勇退時に多額のローンが残っているならば、要注意です。負債の返済は、資金繰り面で大きな負担となります。
　そのため、収入が減少する勇退を機に、少なくともローン返済の方向性を決めておいたほうがよいでしょう。あるアンケートでは、一般的には退職金の2割をローン返済に充てるそうです。繰り上げ返済をすることで金利負担の軽減につながり、ローンと利息の返済総額が大幅に減るケースも少なくありません。
　ファイナンシャル・プランナーや銀行の担当者に相談してみましょう。

2 事業承継対策

　事業承継とは、何を意味するのでしょうか？
　文字どおり、事業を引き継ぐことは間違いないでしょうが、それほど単純ではありません。多くの問題やトラブルの種を内包している会社存続のための大仕事です。
　「事業承継を成功させるのに、一体何をしたらよいのかよくわからない」。どうしようもなくなった経営者の方から、このような相談を受けます。
　まずは、後継者が決まればそれで終わるものではないということを、肝に銘じてください。事業承継は日々の多忙な経営のため、ついつい後回しにされがちですが、ある時点からは、経営と並行して計画的に行わなければ成功させることは難しいでしょう。
　また、家族経営の経営者の方には「うちみたいな小さな同族会社に、事業承継問題なんて関係ないよね？」という類の質問をされます。
　しかし、むしろ小さな同族会社ほど事業承継を真剣に考え、取り組まなければなりません。なぜなら、規模の大きな会社に比べると人的資源に乏しく、事業承継の選択肢が限られているため、廃業という２文字が、より現実味を帯びてくるからです。加えて、息子等の親族内の方に承継をする場合、相続という厄介な問題と密接に絡み合い、ひとたび方法を間違えれば事業承継も相続も困難を極めます。相続という私的な問題が、経営問題に発展するケースは後を絶たないのです。そして、挙句の果てには、これまでついてきてくれた従業員やその家族、取引先にまで迷惑をかけるという事態に発展しかねないということを頭の片隅に置いておいてください。
　事業承継は、事業をスムーズに後継者に引き継ぐこと、これまで経営者についてきてくれた従業員の雇用を守ることが最低限必要です。そしてできるなら、事業発展につながる事業承継が理想です。
　十分な事前の準備なしに、事業承継の成功はありえません。そして、事業承継をやり遂げずに、経営者が心の底から肩の荷が下りたと思えるような勇退はないともいえるでしょう。そのつもりで事業承継という大仕事に向きあってください。

1 必ず知っておくべきポイント

(1) 事業承継でやるべきことは、後継者育成だけではないということ

「事業承継でやるべきことは何だと思いますか？」

こう質問すると、初めて事業承継に取り組もうという経営者の方からは、「逆に聞きたいよ」といわんばかりに沈黙が返ってくることも多いものです。

仕方がありません。経営に関しては百戦錬磨の経営者の方も、事業承継は初めてという場合がおそらく大半です。

まずは、「事業承継を、2つに分けて考える」ということから始めましょう。

1つめは、後継者育成と周知です。

つまり、経営者の後継者となるべき人材を見つけて、育てなければなりません。引き継いでくれる後継者がいてこその、事業承継です。しかし、そうは簡単にいきません。ここには多くの問題が生じます。後継者がいない、後継者が自分の思いどおりに育たない、後継者にと思った本人にその気がない等、ケースは実に様々です。

そして、後継者が育ったら、それを周知させなければなりません。現経営者の信用で取引していた銀行や取引先に後継者を周知させること、そして何より従業員に認められなければ、事業承継後の業績への影響は図りしれません。もし経営者の子を後継者にするという親族内承継を考えるのであれば、なおさらです。「親の七光」等と揶揄されないように、しっかり育てなければ後継者は苦労するでしょう。

2つめは、経営権の移転です。

経営権とは、現経営者が円滑に経営を行える地位ということです。しかるべき時期に後継者を代表取締役に就けなくてはなりません。ただそれだけなら、株主総会・取締役会で決議して、登記をすれば済みます（代表権の移動）。しかし、中小企業の場合、それだけでは完全に現経営者の地位を移転できたとはいえないでしょう。

普段は意識されないかもしれませんが、経営者が円滑に経営を行えるのは、その会社のオーナー、すなわち株主であるからです。その株主の地位（株式）を移転することで初めて、真に経営権が移転することになるからです。

(2) 事業承継で初めて気づく持株のこと

① 経営権と株式移動

よく、6月末頃になると上場会社の株主総会のニュース報道が流れます。会社経営陣と「物言う株主」とのやり取りが注目されます。しかし、中小企業の場合は、社長の決定はスムーズかつスピーディに経営に反映されます。たいていは議事録だけ作って株主総会すら開かれないためです。何故こんなことができるのでしょうか？

会社は通常、役員の選解任も、決算の承認も、株主総会の決議事項です。通常それらの決議は議決権の過半数を定足数として、株主総会出席株主の過半数、または3分の2以上の決議が要件です。しかし、経営者は単独で、またはその親族等と合わせて要件を

満たすだけの議決権株式を保有する大株主でもあるため、スピーディな経営が可能となるのです。

　事業承継においては、安心してこのような経営ができるように大株主の地位を後継者に移転しなくてはならず、そのためには、代表権に加えて株式を後継者に移転する必要があります。そこまで終えてようやく事業承継が完了するといってよいでしょう。

【経営権の移転イメージ】

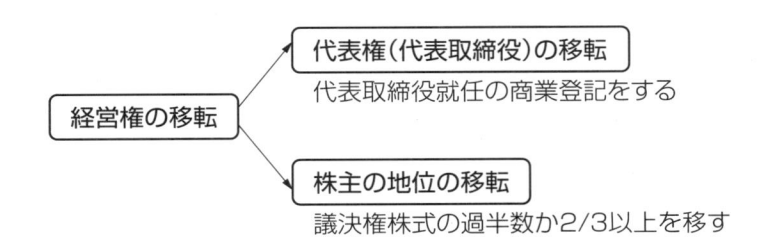

経営権の移転
- 代表権（代表取締役）の移転
  代表取締役就任の商業登記をする
- 株主の地位の移転
  議決権株式の過半数か2/3以上を移す

　もちろん、後継者の力量不足がある等の理由で、役員人事権や最終意思決定権は現経営者にとどめておき、段階的に株式移転するというような事業承継もあるでしょう。いずれにしても株式については計画的な移転をするべきです。

　おそらく中小企業においては、株券を発行しておらず、株主名簿も作っていないというケースが多いため、株主を意識する機会は、決算時に法人税申告書の別表二を見るときくらいだと思います。しかし、これを機に自社の株主分布を確認してみてください。親族内・親族外の誰が後継者になるとしても、いつどれだけの株式を移転するかが、非常に重要な事業承継のポイントなのです。

② 株式の分散がトラブルの種であること

　現経営者から後継者への株式移転の次に留意しておくべきことは、株式が不必要に分散していないかの確認です。相続税対策等により不用意に株式をばらまいて、従業員や遠い親戚等が少数株主として存在している会社をよく見受けます。計画的に行われているのならよいのですが、そうでなければ、これらの少数株主はトラブルの種となり得ます。

(3) 事業承継は後継者次第でその方向が変わること

　一昔前までは、事業承継といえば、「長男が後継者」。これが一般的だったようですが、最近は少し傾向が変わってきているようです。

【先代経営者との関係の変化】

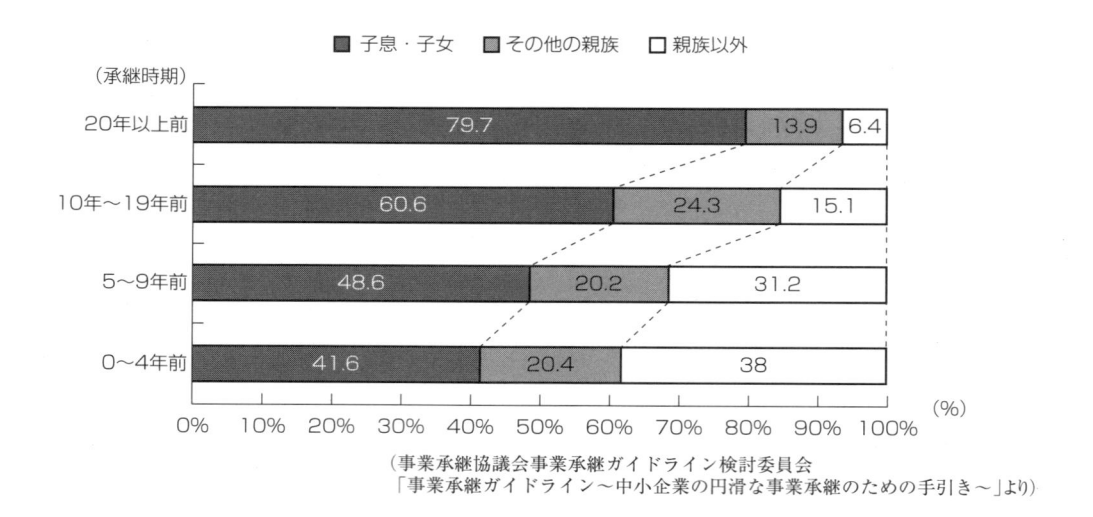

承継時期	子息・子女	その他の親族	親族以外
20年以上前	79.7	13.9	6.4
10年～19年前	60.6	24.3	15.1
5～9年前	48.6	20.2	31.2
0～4年前	41.6	20.4	38

（事業承継協議会事業承継ガイドライン検討委員会
「事業承継ガイドライン～中小企業の円滑な事業承継のための手引き～」より）

　近年、親族内で事業を引き継ぐケースが減ってきており、それは前述したように後継者不足が主要因のようです。
　親族に後継者がいないケースでは、社内の従業員または取引先等の社外にその候補を求め、人材がいない場合には他の会社等への売却、それもできなければ廃業ということになるでしょう。
　事業承継を親族内・社内外・売却と大きく3パターンに分類すると、それぞれのパターンによって異なる「やるべきこと」が見えてきます。

【事業承継の検討パターン】

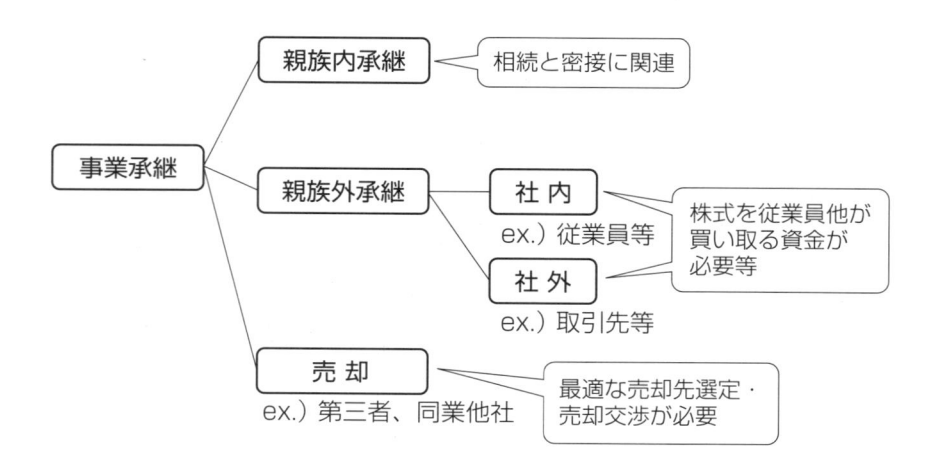

事業承継
├ 親族内承継 ─ 相続と密接に関連
├ 親族外承継
│　├ 社内（ex.）従業員等 ─┐
│　└ 社外（ex.）取引先等 ─┴ 株式を従業員他が買い取る資金が必要等
└ 売却（ex.）第三者、同業他社 ─ 最適な売却先選定・売却交渉が必要

　親族内の場合には、相続と併せて検討する必要があります。従業員への承継の場合には、従業員が株式を買い取る資金や、万一に備えて遺言の準備等が必要になるでしょう

し、売却となると、企業文化に合う売却先を探すことや売却交渉の準備等が必要です。全く違う準備をすることになるのです。

そのため事業承継は、まず後継先をどの方向にするのかを決める必要があるでしょう。その後、後継者候補を決めるというのが一般的です。

しかし、実際には、親族内や社内に後継者候補がいても、事業承継できるまで一人前に育つかわかりません。また、経営という重責を担うわけですから後継者候補が決意できるかわからず、後継者の確定は思うように進まないことが多いものです。そのために、何パターンかの準備を並行して行う必要があり、そういう場合は、どのパターンでの事業承継となっても柔軟に対応をしなければなりません。

(4) 事業用資産の相続税評価額は思いのほか大きいこと

ここでいう「事業用資産」とは、「自社株式」と「事業用資産」を示します。事業用資産とは、事業目的で使っている資産、例えば、本社や工場の敷地や建物、その他機械や備品等のことです。これら事業用資産で、経営者個人名義のものは「相続財産」になります。

実は、これが大きな問題の要因となります。

経営者に相続が起きたとしても、その資産は事業継続に必要不可欠なものです。そのため、後継者や事業に関係する相続人がこれを引き継ぐ必要があります。しかし、資産中で事業用資産が大きな割合を占めているとなると、どうしても遺産分けに偏りが生じ、後継者と事業に関係のない相続人との間でトラブルが生じる可能性があるのです。

また、事業用資産の相続税評価額が予想外に大きいケースも多いです。事業用資産を引き継ぐ後継者は、評価額の大きな資産を引き継ぐわけですから、当然相続税負担も大きくなり納税に苦慮することが多いようです。特に事業用の不動産は、注意すべきポイントです。

「うちの自主株がそんなに評価が高いわけがない」と思い込んでいるケースが非常に多く見受けられます。もし、評価計算をしたことがなければ、一度事業用資産の評価を税理士に依頼してみてください。

2 注意をしておくべきポイント

(1) 連帯保証人の承継は落とし穴

経営には資金調達が必要不可欠で、銀行等の金融機関から融資を受けている会社が多いと思います。その融資は、9割がた不動産担保か人的保証を伴ったものです。たいていは不動産担保は抵当権の設定、人的保証は連帯保証契約によります。中小企業の経営者の8割は個人保証をしています。

事業承継においては、この連帯保証が盲点です。連帯保証人の地位は、相続によって引き継がれます。したがって、もし何も対処しなければ、当然に承継されてしまいます。事業に関係のない配偶者や子どもにそのような負担が生じては大変です。

子ども等の親族が後継者となる場合には、自社株式や事業用資産を引き継ぐのと同時に連帯保証人の地位も引き継がなければならないことを後継者に確認しておき、かつ社長交替で連帯保証がすんなり解除されることも少ないので、金融機関との交渉を事前にしておきましょう。特に、親族外の従業員等が後継者の場合には、連帯保証の引継ぎには細心の注意を払う必要があるでしょう。

(2) 経営者が会社に対して貸付金がある場合

　長年経営していると、ときには会社の一時的な運転資金を経営者個人が工面するような事態があったことでしょう。会社に一時的に貸し付けていたつもりが、うっかり忘れてそのまま会社に対する貸付金（会社からすると借入金）となっているケースも、決算書を見ると多いです。

　貸借対照表の負債の部に借入金があれば、その内訳を、法人税申告書の勘定科目内訳明細書で確認しておきましょう。

　前述のとおり（P.45）、会社にとって財務状況の改善となるだけでなく、会社に対する貸付金は相続財産として相続税の対象となります。相続時に返済を受けられればよいのですが、そのときの経営状況によっては返済が難しいこともあるでしょう。そのため、もし貸付金があれば、会社の資金繰りに影響をしない範囲で返済を受けておくとよいでしょう。

(3) 会社に関係のない人が株式を保有している場合

　退職した従業員や取引先、友人等の第三者が株式を保有しているケースも多いものです。日常的には特に問題は露呈しませんが、事業譲渡等の大胆な経営方針を展開する場面では、株主総会の特別決議（2/3以上の議決権）が必要になります。議決権割合の多くを第三者が保有しているケースでは、第三者に協力を得なければ、議決権を集めることができなくなることもあります。現在の第三者が保有する議決権割合を確認して、必要に応じて株式を買い取り、権限を集中させて事業承継を迎えれば後継者に余計なストレスを与えなくてすむでしょう。

　また第三者が1株か2株程度保有するだけの少数株主であった場合、このような問題は生じませんが、その少数株主に相続が起こった場合には、それらの相続人は、相続税も払わなければなりませんし、何よりその株式に興味がないため、相当の金額による買取りや配当の請求をしてくる可能性もあり、対応にも苦慮するでしょう。

　今のうちに早期に買取対応しておくか、相続が発生したときに買い取れるスキーム等を施し、さらなる分散をくい止めるようにしておくべきです。

(4) 株価が事業承継に費やす時間を左右する

　「ローマは1日にしてならず」ということわざではありませんが、事業承継をなすには

時間がかかります。

　色々な要素が絡み合っているので、一度にやってしまおうとするとどこかに歪みが生じてしまいます。その工程の１つ１つにじっくり取り組み、解決していくことを心掛けてください。

　特に自社株式を後継者に移転して、経営権を確保するためには、議決権のある発行済み株式の過半数から2/3以上の株式を移転することをゴールにするべきです。株価が高ければ、１株当たりの移転コストがかかります。具体的には、株式を譲渡(売買)するなら、その対価と譲渡所得にかかる所得・住民税の負担が生じます。贈与で無償移転するなら対価は必要ありませんが、贈与税負担が生じます。これらの負担を考慮すると、株価が高いと一度に多くの株式を移転することができないのです。所得税や贈与税は暦年単位課税といって、１年単位で計算しますから、１年ごとにコストを考慮して移転する計画が必要になるでしょう。

3 事前準備しておくべきポイント

(1) 事業承継は計画から

　事業承継は一大イベントです。行き当たりばったりでは上手くいきません。

　事業承継に取り掛かる事前準備で最も大切なのは、期限とゴールの設定です。そして、ゴールから逆算して事業承継計画を作成することで、時系列・視覚的にプロジェクトの遂行を捉えていく必要があります。

【事業承継計画表(例)】

	2010年	2011年	2012年	2013年	2014年
経営者勇退のタイミング			会長就任		勇退
後継者候補者の育成					
後継者の役職	常務就任		代表取締役就任		
関係者への認知	社内・銀行・取引先へ紹介				
連帯保証人の引継ぎ			借換時 ○○銀行	××銀行	
株式について社内整備	遺言書作成		売渡請求導入 民法の特例手続 申請		
株式議決権数(議決権割合)	125 (100%)	105 (100%)			
経営者Aの保有株式(株数)	100 (80%)	70 (66%)	40 (38%)	10 (9.5%)	
後継者Bへの移転		30 (28%)	60 (57%)	90 (85%)	
会社(金庫株)への移転		20 (19%)			
第三者株主(少数株主)の整理	25 (20%)	5 (4.7%)			

※表中の括弧内は保有株式による議決権割合を表します。

　会社の経営状況によっては、計画変更もあり得ます。例えば、思いの他、利益が出たために株価が高騰し、税負担が生じるため計画していた株数を移転できない、少数株主

と株式買取価格で交渉が決裂した、後継者の育成がうまくいかない、連帯保証契約の引継ぎ交渉が暗礁に乗り上げる、社内の従業員や役員が後継者を認めていない等、要因は様々ですが、状況に応じてリスケジュールを行えばよいのです。ゴールと期限が明確なら、そういうときも活路を見出せるはずです。計画を改めて明確にして、事業承継を達成しましょう。

(2) 専門家のコーディネーターをみつけること

事業承継はどのような人に相談するべきでしょうか？

もちろん相談事は会社の事情をよく知っている人にすべきですが、事業承継に関しては、様々な専門知識が必要になります。そして何よりも経営者にとって失敗できない大仕事です。そのため、自身で調べて対処するよりも、「餅は餅屋」というように各種専門家の力を借りるべきでしょう。事業承継は、適切なアドバイスをくれる優秀な専門家からサポートしてもらえば、成功へ格段に近づきます。

具体的には会社の財務状況や経営者個人の事情を最もよく知っていて、特に自社株式の株価を中心に事業承継の特殊な税金に詳しい税理士の力を借りるのもよいでしょう。

遺言や相続に関する分野では、弁護士の力も借りたいところです。また後述しますが、種類株式等、会社法を活用する事業承継対策の場合は、その発行手続きについては司法書士が担うことになるでしょう。

そのために、ある程度の専門知識を持っていて、各専門家と連携し事業承継をコーディネートできる存在を見つければ、事業承継はよりスムーズにすすみます。金融機関の担当者等もコーディネーターとしてキーとなる存在といえるでしょう。

(3) 事業承継に必要なことをリストアップする

事業承継を一足飛びに成功させることはできません。

事業承継を成功させるための近道はありません。いくつかのチェックポイントを通過し、何年も時間をかけて達成すべきものなのです。

全ての会社で事情や環境が違うので、同じチェックポイントがあるわけでもありませんし、その優先順位も異なるでしょう。

しかし、少なくとも必ず検討をしなければならないチェックポイントはあります。事業承継の完成要素とでもいうべきものです。次のページに挙げておきますのでご参照ください。

【事業承継の完成要素のまとめ】

①後継者（候補）の選定	後継者がいなければ事業承継はできません。スタートは後継者（候補）の選定からです。
②後継者の育成	育成には時間をかけて、じっくり取り組みましょう。未熟な後継者では事業承継の成功の確率は低くなるでしょう。
③後継者の役職	後継者の育成経過に合わせて、代表取締役までの役職をステップアップさせることも必要です。一足飛びの昇進は社内外に不信感が生じかねません。
④関係者への認知	タイミングを見計らい、社員・取引先・銀行等会社を取り巻く関係者へ事業承継をすることの認知をしておきましょう。
⑤連帯保証の引継	銀行より借入をしている会社の経営者は、連帯保証人になっているケースが多いので、その地位を後継者に移転するべく、交渉しておく必要があります。
⑥後継者への株式（議決権）移転	株式は会社のオーナーの権利です。経営者が生前に後継者に移転する、または相続時に確実に後継者に引継がれるように対処する必要があります。
⑦分散株式の対処	後継者が事業承継した後は、現経営者が築いた信頼関係には頼れません。分散株式の所有者と後継者・会社との間のトラブルが生じないように対処する必要があります。

　この他にもそれぞれにやるべきプロセスもあるでしょうから、そのプロセスを検討し、必要時間を見積り、ゴールまでの理想図を描きましょう。

3 退職金対策

1 必ず知っておくべきポイント

(1) 中小企業経営者の退職金は経営者自ら準備するもの

　会社員（サラリーマン）の退職金は、会社の福利厚生制度の一環として整備され、当たり前のように退職と同時に受け取れるようになっています。

　しかし、中小企業経営者の退職金は、経営者自身が資金準備をしなければなりません。

　また、親族外の役員がいる場合等は、退職金制度も整備しておかないと、会社への不満にもつながりかねません。

　それに、退職金支給基準を明確にしておく必要もあります。もし、会社に退職金規定がないのであれば、経営者の退職金を検討する際に、整備しておくとよいでしょう。

　中小企業経営者が退職金を受け取るには、準備と注意をしておくことがたくさんあるのです。

(2) 退職金が会社経営にもセカンドライフにも影響するということ

　経営者の退職金が会社経営と経営者のプライベートに与える影響は、非常に大きいものです。

　会社経営の観点からは、まず退職金支給によって会社の資金繰りに影響が生じます。多くの経営者は、後継者へ経営をバトンタッチしたばかりで心労をかけられないと退職金を受け取らなかったり、減額して受け取ったりといった対応を余儀なくされています。このようなことにならないように、しっかりとした資金準備をしておかなければなりません。

　そして、退職金支給は、一時的に自社株式の評価を大きく引き下げることになります。そのため、自社株式をまとめて移転するチャンスでもあります。つまり、事業承継計画とも密接に関係があるということです。

2 注意をしておくべきポイント

(1) 退職金にかかる税金は、法人税と所得税の両側面でみること

　会社が退職金を支給する場合、その支給額は会社が自由に決めることができます。しかし、法人税法では、税法上の退職金の適正額を超える場合、超えた部分を経費に算入できない（損金不算入）という取扱いがされます。

　それでは、適正額とはどのようにして求めるのでしょうか？　以下の算式によるもの

が、一般的な目安となります。

$$退職金の適正額＝役員の最終報酬月額 \times 勤続年数 \times 平均功績倍率$$

　平均功績倍率は、類似業種・同規模の法人の役員退職金等をベースに計算して総合的に勘案するので一概には決められませんが、一般的には、以下のような倍率を参考にすることが多いようです。

【平均功績倍率例】

社長	専務取締役	常務取締役	平取締役	監査役
3.0倍	2.2倍	1.8倍	1.8倍	1.6倍

　では、経営者が退職金を受け取った場合の経営者個人の所得税・住民税はどうなっているのでしょうか？
　所得税・住民税においては、退職金は退職所得としてずいぶん優遇されています。とはいえ、退職金額が大きくなればやはり無視できる負担ではありません。
　退職所得は、退職金額から退職所得控除額を控除して、さらに1/2を乗じて計算します。

$$退職所得額＝（退職金額－退職所得控除額）\times 1/2$$

【退職所得控除額】

勤続年数	退職所得控除額
20年以下の場合	勤続年数×40万円（最低80万円）
20年超の場合	勤続年数×70万円＋800万円

　こうして算出した退職所得額に所得税率をかけたものが、所得税額となります。

【所得税の速算表】

課税総所得金額等		税率	控除額
	1,950,000円以下	5%	—
1,950,000円超	3,300,000円以下	10%	97,500円
3,300,000円超	6,950,000円以下	20%	427,500円
6,950,000円超	9,000,000円以下	23%	636,000円
9,000,000円超	18,000,000円以下	33%	1,536,000円
18,000,000円超		40%	2,796,000円

なお、退職所得は、他に給与等の所得があっても、それらと合算せず、所得税率を乗じる分離課税です。所得税は所得が多ければ多いほど税率が高くなりますが、退職所得は仮に他の所得がたくさんあったとしても、それらと合算しない分離課税であるため退職所得に乗じる税率はおさえられることになります。なお、住民税は退職所得額に一律10％を乗じて、その90％を納めることになります。

退職金からは社会保険料は差し引かれませんので、所得税・住民税負担額がわかれば、手取り額が算出できます。それをもとに退職後の資金として見積もるとよいでしょう。

(2) 退職金資金は社外で準備する

退職金の資金準備は、普段事業で使う預金口座に運転資金等と区別されずに入っていたら、どれだけ意識していても、経営上一時的に資金が必要な時にはおそらく使ってしまい、いつまでたっても十分な準備は難しいでしょう。そのため、結局、退職時期になってやむなく退職金を減額せざるを得ないという結果になりかねません。

会社では、法人税等の納税準備の資金や社員旅行の費用等を毎月積み立てていませんか？ それと同様に、退職金もどこかで積立をしておくとよいでしょう。積立の方法は様々ですが、退職金のための必要額が確定したら、その金額を目標に利用しやすい積立の仕組みを活用して準備しておきましょう。

3 事前準備しておくべきポイント

(1) まずは退職金規定を作る

退職金支給には、準備と手続きが必要です。

まず、準備として、退職金規定の作成をしておきましょう。

会社が支給する退職金支給額が適正か否かの税務上の判断には、前述の平均功績倍率による計算等の他に、会社の退職金計算の根拠が重要な要素となります。合理的な計算に基づいて退職金額が決定したことを証明するためにも、規定の作成は必ず行ってください。

また、退職金を支給する手続きは、定款に特別の定めがなければ株主総会の決議によります。通常総会での役員の退職者は1人であることが多いので、議事録を見れば、その役員が受け取る退職金額が他者にわかってしまいます。そのために具体的な明示を避け、「退職金規定に基づき取締役会等にその決定を一任」等としておきます。支給基準が明確ですので、株主には規定の範囲内での支給であると証明でき、かつ金額もわかりませんので無用なトラブルも避けられます。

【例】

第1条（目的）

この規定は、株式会社○○○○の役員が退社したときに支給する退職慰労金並びに弔慰金について定めるものである。

第○条（退職給与計算基礎額）
　退職慰労金は、株主総会の決議に従い、取締役会において決定した額とする。

(2) 退職金規定に柔軟さを

　また、退職金規定を作成する際には、経営状況に応じて柔軟かつ広範囲に退職金をカバーできる規定を作ることをおすすめします。

　例えば、退職金規定に特別功労金（功労加算）規定や減額規定を設けておけば、勇退退職金額を状況に応じてある程度柔軟に決めることも可能です。

　さらに、経営者が万一の際には遺族に死亡退職金や弔慰金を出せるような規定も盛り込むとよいでしょう。

【例】

第○条（功労加算）
　特に功績顕著と認められる役員には、第○条により算出した額にその○％を超えない範囲で功労加算することができる。

第○条（弔慰金）
　弔慰金は以下を基準とし、取締役会にて審議し決定する。
　（以下、略）

　死亡退職金は、遺族の相続税の対象となりますが、「500万円×法定相続人数」という算式に基づいて算出された額が非課税となります（相続人以外の者が受け取った際にはこの非課税の適用はありません）。

　また、万一の際に弔慰金を会社から遺族へ渡すことができます。弔慰金も、退職金と認められるものを除き、以下の範囲内で相続税が非課税とされます。
① 業務上の死亡のケース：普通給与の3年分に相当する金額
② 業務外の死亡のケース：普通給与の6か月分に相当する金額

　このように、非課税の制度があるので、遺族に残す死亡退職金や弔慰金は税引き後手取り額が大きくなります。そのため例えば、遺族の生活資金や相続税の納税資金等に活用しやすいといえるでしょう。

　また、相続人等への支給が確定した死亡退職金は、法人が負担すべき費用として計上できますので、一定の自社株式評価額引き下げの効果も期待できます。

　このように、退職金規定の整備は、相続対策や事業承継対策とも大いに関係するのです。

4 対策について理解しておくとよいポイント

(1) 経営者の退職は1度きりではないこと

　後継者の1人立ちが早ければすっきりと勇退できるかもしれませんが、手塩にかけて育てても、なかなかすっきりとはいかないようです。第一線から身を引くも会長職や相談役として、会社と後継者をサポートする経営者の方も多いでしょう。

　会長や相談役として会社に残っていながら、退職金を受け取った場合、その退職金は税務上どのように取り扱われるのでしょうか？

　以下のような要件が整っていれば、会社では、適正額が退職金として経費に算入されることになります。

1	常勤役員が非常勤役員になったこと	代表権があったり、実質的に経営上主要な地位にあると不可（形式的な肩書変更では認められない）
2	取締役が監査役になったこと	
3	報酬がおおむね50％以上減少したこと	使用人兼務役員として認められないような大株主であったり、経営上主要な地位にあると不可

(2) 退職金の準備は、役員それぞれについて考えておかなければならないこと

　中小企業の場合、経営者とその配偶者や兄弟等の親族が役員をしている家族経営であることも多いでしょう。

　その場合、経営者だけの退職金の準備にとどまらず、他の役員の退職金も同時に検討することをおすすめします。

　家族単位で考えると、税務上の優遇をそれぞれ享受できますので、特に配偶者が役員なら、その退職金については、経営者自身の退職金と共に家族の退職後の生活資金に大きく影響します。

(3) 自社株式の評価額に大きな影響を与えること

　退職金を支給すると、法人の利益や純資産額が下がるために、自社株式の評価額が一時的に引き下がります。

　退職金は、株主総会等の決議によって具体的な金額が確定した日の事業年度か、実際に退職金を支払い経費計上した事業年度のいずれかに、税務上も経費算入されます（ただし、退職金額が具体的に確定する事業年度より前に、取締役会での内定金額を未払金として経費計上してもその時点で税務上の経費計上とはなりません）。

　そのタイミングを見計らって評価額が引き下がったときに、まとまった株数の自社株式を移転することは事業承継計画の一環として検討してもよいでしょう。

(4) 退職年金という受け取り方

　退職金は、一時金で支給しなければならないわけではありません。つまり、年金支給

によることもできます。会社の資金繰りを考えて一時金で受け取れない場合や、一時金で受け取るよりも年金形式で受け取りたい場合もあるでしょう。そのようなときの選択肢として頭に入れておきましょう。

　ただし、年金支給の場合には、退職金規定に年金支給に関する規定を盛り込む必要があります。また、年金支給した事業年度が税務上の経費計上時期となりますので、一時金支給のような自社株式評価へのインパクトが小さくなり、自社株式の評価引き下げには向かないでしょう。また、受け取る経営者個人の所得税も退職所得とはならず、雑所得として取り扱われますので、一時金で受け取るより税務上のメリットは小さくなります。

　さらに、事業承継後の会社の財務状況が悪化した場合、年金受け取りの権利を放棄せざるを得ない可能性もあるのでよく検討しましょう。

(5) 経営者だから利用できる制度を知っておくこと

　経営者は、退職金原資の準備をする必要があるのですが、その方法は実に様々です。預貯金等の金融商品での準備もよいのですが、死亡退職金や弔慰金まで視野に入れると、死亡リスクをもカバーした以下の共済や生命保険が適しているようにも思います。

　中小企業経営者独特の退職金準備の方法がありますので、いくつかご紹介します。

① 小規模企業共済

　一定の掛け金積立による、経営者や役員のための退職金制度です。年間84万円（月7万円）まで積み立てることができます（P.46参照）。大きな特徴は、掛け金の全額が、経営者個人の所得税の所得控除となることです。役員個人の所得税軽減に効果があるでしょう。また各種貸付制度も備わっているのは、この共済の特徴といえるでしょう。

　常勤社員が20人以下（サービス・卸は5人以下）の会社役員であれば加入できます。その後、人数が増えたとしても契約自体は継続可能です。

② 生命保険による準備

　会社を契約者として、生命保険に加入するのも退職金原資を準備するのに適しているでしょう。預貯金での準備と違うのは、死亡退職金の資金準備ができること、そして、預金とは別に保険として管理され、そう簡単に解約することができない状況を作りだせることです。

　また、決算書上でも、保険の種類によっては支払った保険料が、支払保険料として経費計上となるか保険料積立金として資産計上されます。

　保険で準備する際の保険契約形態としては、「契約者：会社」、「被保険者：経営者（役員）」、「受取人：会社」という契約が一般的です。

　このような退職金の資金準備として生命保険を利用するときは、勇退時の解約返戻金で資金準備できることを第1目的、死亡時の死亡退職金準備を第2目的として、綿密な

計画を立てなければなりません。

　経営者に対して親身になって取り組んでくれる優秀な保険コンサルタントがいれば、非常に重要なキーパーソンとなるでしょう。

　退職金の原資の準備は、決してその全てを1つにまとめて準備する必要はありません。むしろ、適切に資産を分散させながら、計画的に準備を行いましょう。

4 相続対策

1 必ず知っておくべきポイント

(1) 遺産分けと相続税は密接に関係するが別問題であること

相続という経営者家族にとっての一大イベントには、トラブルに発展し得る種を沢山内包しています。まずは相続を整理して考えると、遺産分けに関するものと相続税に関するものに大別できます。

検討の順序からすると、はじめに遺産分けについて検討するとよいでしょう。

なぜなら、遺産分けはどの相続でも必ず起こります。しかし、相続税は基礎控除を超える遺産がなければ課税されません。実のところ、相続が発生して相続税が課税される割合は4.2％しかないのです。むやみに相続税の心配をしていても実際ふたを開けてみれば相続税はかからなかった、ということも多いのです。

また、相続税の計算ルール上、どの財産をどの相続人が受け取るかによって、相続人各人の税負担額が決まります。つまり遺産分けができて初めて相続税計算をすることができるのです。

また、遺産分けを検討していくにつれ、相続税問題も浮き彫りになってくるはずです。

遺産分けと相続税は密接に関係しますが別問題であり、優先すべきは遺産分けについての検討だということを、まずは理解しておきましょう。

【相続の検討手順】

相続の発生 ⇒ 財産分け ⇒ 相続税

(2) 遺産分けには、どれだけ注意を払っても払いすぎることはない

遺言を書くことは強制されません。そのためか、遺言の残っている相続は非常に少ないものです。各相続人には、法定相続分という一応の取り分が民法上定められていますが、法定相続分どおり分けるのが困難なケースがほとんどでしょう。そういうケースで相続が起こった場合、その相続財産を受け取る権利のある相続人達が集まり、何を誰がもらうかについて協議をする、遺産分割協議をすることになります。この遺産分割協議で全員の合意に至って、ようやく遺産分けが整います。

また、遺産分けには複雑な人間関係が色濃く反映されます。どれだけ親しい親族間で

も、相続を境に状況が一変し、相続人間の人間関係がぎくしゃくし、トラブルに発展することも残念ながら多いのが実情です。

(3) 相続の仕組みを知れば、今何をすべきかがわかる

制度の仕組みを知ることで、先回りの対策を打つことが可能です。まずは、その仕組みの概略を把握しておきましょう。

遺産分けの仕組みにおいては、もし経営者が生前に遺言書を残し、誰にどの財産を譲るのかを意思表示していれば、その遺言書が法的要件を整えている限り、最優先されます。つまり、生前に経営者が前もって遺産分けを決めてしまうことができるので安心です。

遺言書がなければ、遺産分割協議によって当事者全員合意に至るまで話し合います。それでもまとまらなければ、家庭裁判所に調停の申立て、次いで審判という方法で合意を取り付けることになります。

時間やコストを無駄に費やさず、何より相続人間の人間関係を良好に保つためには、遺言書を活用する対策を事前に講じておくべきでしょう。遺言については重要ですので後述にて解説します。

【一般的な遺産分けの順序】

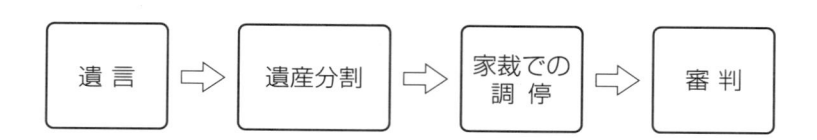

遺言 ⇒ 遺産分割 ⇒ 家裁での調停 ⇒ 審判

(4) トラブルを回避するために「うちに限って」という過信を捨てる

遺産分けでトラブルが生じれば、相続の問題全てが前に進みません。それどころか、相続を境に親族の人間関係崩壊の危機もあり得ます。

現在の絆が強固であればあるほど、将来に対して安心しきってしまうきらいがあるのです。多くの経営者は、ち密に経営計画を策定し、先回りして物事に対処してあまたの経営課題を解決するのに、相続のことになったとたん後手にまわってしまうものです。

絆に疑いようのないご家族であっても、相続に関してはあえて性悪説に立ち、万一に備えて事前の準備をしっかりしておくべきでしょう。遺産分けは「勘定論」で話が進みますが、ときと場合によって「感情論」に発展するケースをよく見受けます。

相続トラブルが起こっているときには、経営者は天国から見守るだけで仲裁に入れないことをよく肝に銘じ、責任を持って事前対処すべきです。

(5) 不動産に左右される相続トラブル

　ケーキにナイフを入れるがごとく、均等に遺産が分けられれば随分相続トラブルは減るでしょう。

　しかし、相続財産には分けやすい遺産と、そうでない遺産があります。前者は現金・預金や有価証券等のいつでも分けることができるもの、後者は不動産のようにそう簡単には分けられないものです。

　特に不動産は、故郷として思い入れがあったり、先祖代々伝わる土地であったり、駅前の家賃収入を生み出すマンションであったり、今も経営に使っている本社や工場であったり、終の住み家であったり等々、相続人にとってゆずれない要因を挙げだすと、枚挙にいとまはありません。それらの不動産をめぐっては、誰が引き継ぐのかという争いになりやすいのは容易に想像できるでしょう。

　また、現金や預貯金等が少なく、価値ある財産が土地だけだった場合にも、その土地の帰属争いが生じる可能性が高いものです。

　不動産を引き継いだ相続人と、それ以外の財産を引き継いだ相続人との間に、受け取った財産価値に隔たりが大きい場合等にも、遺産分けが難航することも多いようです。

　しかし、トラブルを避けるために、安易に不動産をなかよく共有名義にし、問題を先送りしてしまうことこそが最もトラブルを引き起こしやすい原因となるので、これだけはできるだけ避けましょう。

　共有名義の場合、仮によい値段でその土地を売却できる売り先が見つかったとしても、共有者全員が合意しなければその不動産を売ることすらできません。そして、いずれ共有者に相続が起これば、さらに複雑な共有関係を生み出すことにもなるのです。

　不動産だけは、どれを誰に相続させるかを明確にしておきたいところです。そして、そうした場合に他の相続人から不満の声があがらないように、不動産以外の代替財産を用意しておけばトラブルも回避し易いでしょう。

2 注意をしておくべきポイント

(1) 自社株式がネックとなる

　自社株式が経営権の源泉であることは前述のとおりです。親族内事業承継のプロセスにおいて後継者に自社株式を生前に移転していなければ、相続財産に自社株式が含まれることになるでしょう。

　後継者に経営権を移すには、発行済み議決権株式の2/3以上が渡らなければ、その他の株式分布状況によっては安心できません。

　仮に遺産分割が円滑に進まない場合、その間自社株式は相続人間で準共有状態となります。遺産分割トラブルによって経営権が不安定にならないように、生前に後継者に移転するか、遺言によって相続時に後継者へ確実に渡るようにしておくべきです。

　また、自社株式は株価が高騰することによって、その大半を相続する後継者の相続税

負担にはね返ることは容易に予想がつきます。自社株式は上場株式ではありませんので売り先も限定されてしまいますし、そもそも経営権の源泉であるため、売却・換金すること自体難しいでしょう。併せて納税資金準備を進めましょう。

　自社株式は目に見えない財産だけに、軽視しがちですが、経営者が経営手腕を発揮して会社を成長させればさせるほど、その自社株式評価額も高騰します。

　ふたを開ければ、総額で億単位の自社株式の評価額に愕然とするケースも少なくはありません。親族内承継をするなら、経営者の相続の独特の問題として留意しておきましょう。

(2) 経営者の事業用資産は遺産分けでも相続税でもネックとなる

　経営者個人名義の事業用資産は、自社株式と同様の問題を生じさせる可能性があります。例えば、会社工場や本社の土地が経営者個人の名義で、後継者がそれを引き継いだ場合、事業で使っている土地だけに売却はできないでしょう。よって、自社株式と同様に、過度の相続税負担問題と納税資金準備の問題が生じる可能性は大きいのです。

(3) 何もしなければ、トラブルは残された家族が背負うことになる

　相続について事前準備を何もしないことの代償は、全て残された家族が背負うことになります。それを頭の片隅に置きながら、相続に関してトラブルが生じる可能性が少しでもあるのなら、必ず事前に対処することを心掛けてください。

　遺産分けで兄弟姉妹で争いもめる姿、後継者である子どもが、引き継いだ自社株式や事業用資産の相続税を納めるために借金する姿等、少し想像しただけでも、ぞっとするでしょう。そのようなことにならないよう万全の準備をするのは、勇退する経営者の義務といえるでしょう。

3 事前準備しておくべきポイント

(1) 簡易財産目録を作ることから始まる

　財産目録とは、相続財産の明細リストのことです。通常は相続が発生してから作成して遺産分割や相続税計算等に使うケースが多いようです。

　すでに相続の情報整理で簡易財産目録を作成していると思います(P.18、P.19)。

　難しく考える必要はありません。簡易な財産目録で十分です。しっかりとしたものを作りたいなら、顧問税理士や弁護士に依頼すればよいのです。大切なのは、あくまでも財産構成のイメージをすることです。

　相続対策の具体的な事前準備は、ここがスタートとなります。

(2) 遺言のシュミレーション

　概ねの財産のリストである簡易財産目録で財産構成がイメージできたら、次にどの財産を誰に引き継がせたいのかを検討しましょう。

例えば、自社株式や事業用の不動産については、後継者に引き継がせたり、マイホームであれば配偶者に引き継がせたりという具合に、それぞれの財産と引継ぎ希望相続人を結ぶことにより、遺言を作成する指針にもなります。

(3) 相続税負担について検討する

また、相続税が不安であれば相続税額早見表(P.22)を活用して相続税総額の目安を概算で調べてみましょう。

相続人ごとに相続税は大きくないか、納税資金は足りているのか等、相続税に関する情報も追加してイメージするとよいでしょう。

(4) 相続税について考える

ここまで、遺産分けについてはだいぶ整理できたのではないでしょうか。そこで、次に相続税について検討しましょう。

相続税の計算は、まず相続財産を相続税評価額で評価します。

一定のマイホーム用・事業用の土地についてはその評価額を大幅に減額する小規模宅地の評価減特例があります。また、生命保険金や死亡退職金といった「みなし相続財産」といわれるものについては、一定の非課税枠を差し引きして計算することができます。

さらに、基礎控除額を差し引いて、それでも残った課税遺産総額に対して相続税が課税されます。

そして計算された相続税額を、遺産分けの割合に応じて負担するという仕組みになっています。つまり、遺産を多くもらう相続人は、相続税も多く負担しなければなりませんし、逆もまたしかりです。

遺産分けにより、各相続人が引き継ぐ資産内容によっては、それらで相続税納付ができるかどうかわかりません。相続税は一括で納税できなければ、利息（利子税）を払ってローンで返済する延納制度や、相続財産をそのまま相続税の納税に充てる物納制度もありますが、色々な要件をクリアする必要があり、それらを満たすのに「時すでに遅し」というケースも少なくありません。資産を売却して現金化するにも、買ってくれる相手がいて初めて成立する話ですから、急には無理です。納税資金については、早めに準備しておくとよいでしょう。

【相続税の計算構造概略】

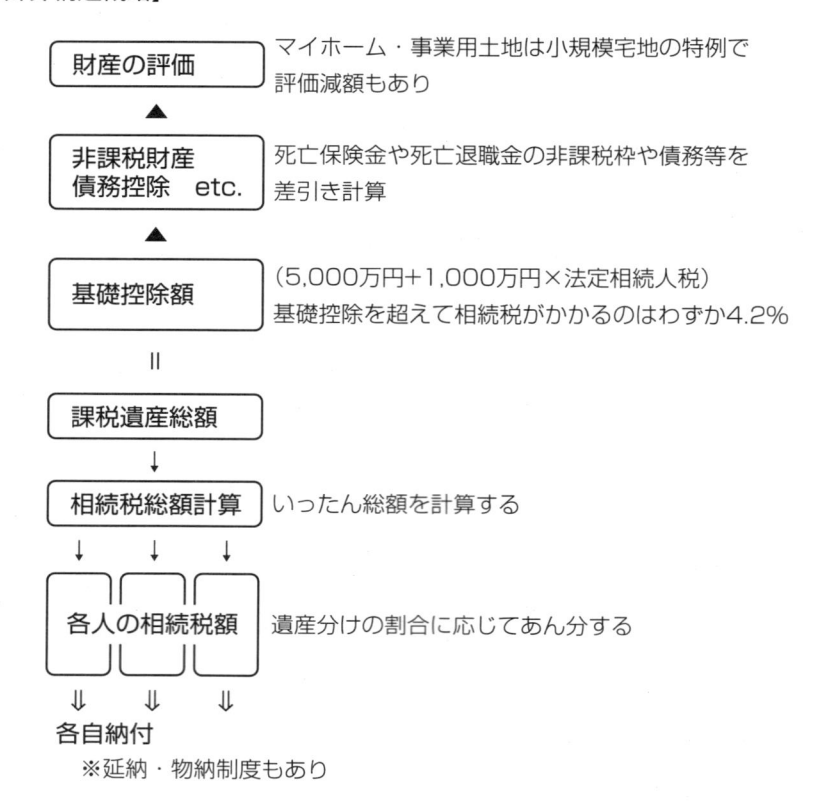

```
┌──────────┐
│ 財産の評価 │  マイホーム・事業用土地は小規模宅地の特例で
└──────────┘  評価減額もあり
     ▲
┌──────────┐
│ 非課税財産 │  死亡保険金や死亡退職金の非課税枠や債務等を
│ 債務控除 etc.│  差引き計算
└──────────┘
     ▲
┌──────────┐
│ 基礎控除額 │  （5,000万円＋1,000万円×法定相続人税）
└──────────┘  基礎控除を超えて相続税がかかるのはわずか4.2％
     ＝
┌──────────┐
│ 課税遺産総額│
└──────────┘
     ↓
┌──────────┐
│相続税総額計算│ いったん総額を計算する
└──────────┘
   ↓ ↓ ↓
┌──┬──┬──┐
│各人の相続税額│ 遺産分けの割合に応じてあん分する
└──┴──┴──┘
   ⇓ ⇓ ⇓
  各自納付
   ※延納・物納制度もあり
```

【簡易財産目録シート】

Ⅰ. 不動産　土地・建物

所在地	建物	用途	引継先
	あり☐　なし☐	自用地　事業用　賃貸用　その他	
	あり☐　なし☐	自用地　事業用　賃貸用　その他	
	あり☐　なし☐	自用地　事業用　賃貸用　その他	
	あり☐　なし☐	自用地　事業用　賃貸用　その他	
	あり☐　なし☐	自用地　事業用　賃貸用　その他	
	あり☐　なし☐	自用地　事業用　賃貸用　その他	
	あり☐　なし☐	自用地　事業用　賃貸用　その他	

Ⅱ. 自社株式

会社名	持株数	引継先
	持株数	
	持株数	

Ⅲ. 貸付金

貸付先	およそ　　万円	引継先

Ⅳ. 現金・預貯金

銀行名	口座数	およそ　　万円	引継先
	口座数	およそ　　万円	
	口座数	およそ　　万円	
	口座数	およそ　　万円	
	口座数	およそ　　万円	
	口座数	およそ　　万円	

V. 有価証券

証券会社名	種別	およそ	引継先
	株式・投信・債権	万円	
	株式・投信・債権	万円	
	株式・投信・債権	万円	
	株式・投信・債権	万円	
	株式・投信・債権	万円	

VI. その他

項目	銘柄	引継先
ゴルフ会員権		
美術品・骨董品		
その他		

VII. 死亡に伴って相続人が受け取る資産

項目	会社／保険会社	およそ	受取人
死亡退職金	会社	万円	
死亡保険金	保険会社	万円	

VIII. 借入金

項目	金融機関	団体信用生命保険／用途	およそ	引継先
住宅ローン		有・無	万円	
住宅ローン		有・無	万円	
その他借入金		事業用・その他	万円	
その他借入金		事業用・その他	万円	

4 対策について理解しておくとよいポイント

(1) 相続対策は大きく3つに分けて検討すること

相続対策は、遺産分けトラブル防止対策と相続税対策の2つに分けられ、相続税対策は、納税資金準備対策と税負担軽減対策に分けられます。

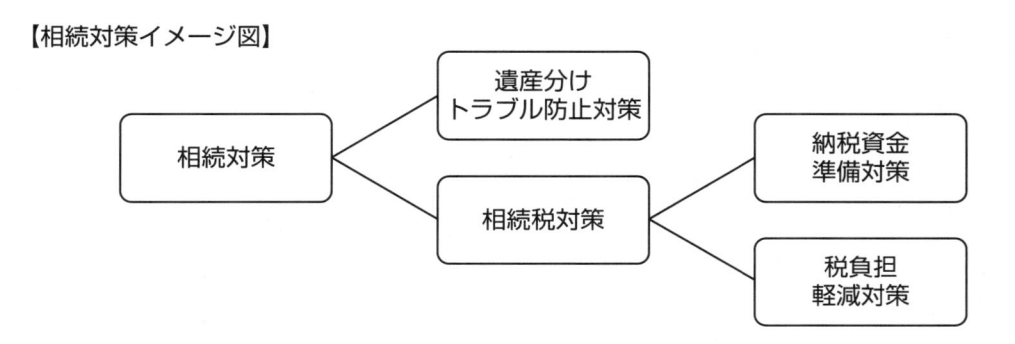

【相続対策イメージ図】

```
                  ┌─ 遺産分けトラブル防止対策
 相続対策 ───┤
                  │                      ┌─ 納税資金準備対策
                  └─ 相続税対策 ──┤
                                         └─ 税負担軽減対策
```

(2) 遺産分けトラブル防止対策のポイント①
「経営者自身が生前に決める」

遺産分けトラブル防止対策には、相続人が不満を残さないように財産を分けることが必要です。そのためには、遺産分割協議という利害関係者による会議に委ねるのではなく、相続が起こる前に経営者自身の財産の行く先を自身で決めることは非常に有効です。

もちろん、各相続人の感情への配慮がなければ、逆効果にもなりかねませんが、「経営者自身が生前に」決めることがポイントになるでしょう。

その方法の主流は、やはり遺言と贈与です。遺言と贈与については後述にて詳しく説明していますので、解説はそちらに譲ります。

(3) 遺産分けトラブル防止対策のポイント②
「相続人各人の公平感と満足感に配慮する」

遺産分けトラブル防止のもう1つのポイントは、「相続人各人の公平感と満足感に配慮」することでしょう。

「後継者にあれだけの資産がわたって、私にはこれだけか？」

「あの不動産がどうしてもほしかったのに……」

「あまりにも兄弟間で差がありすぎないか」

「家計が苦しいから少しでも財産がほしいときなのに」

等と、相続には複雑な人間関係と感情のもつれが、どうしてもついてまわります。一概にはいえませんが、経営者の相続の場合、自社株式や事業用資産の問題から後継者が引継ぐべき資産額も割合も大きくなり、後継者とそれ以外の相続人との間で公平感を損なう遺産分割になりがちです。

そういうときに、後継者以外の相続人が公平感と満足感を感じ、異を唱えないように

対処することは非常に重要なことです。
　例えば、事業承継に興味のない後継者以外の相続人は、後継者が自社株式や事業用資産を引き継ぐことを積極的に反対することはないでしょうが、自身が十分な財産を受け取れなければその遺産分けには賛成できないということもあるでしょう。そういうケースでは、後継者以外がそれらの代わりに引き継げる財産があることで、何とか解決する遺産分けも少なくはありません。
　ところが、そんな代替資産がないケースは多いものです。こうした場合、遺産分けトラブルは混迷を極めます。
　そんなときに、活用しやすいのが生命保険です。生命保険は、経営者自身が1人で生前に準備でき、受取人まで指定できるので、遺産分割の公平感と満足感が満たされないのでは？と感じる場合には、生命保険を活用するのも1つの方法でしょう。

(4) 相続税対策のポイント
「相続税対策は贈与を中心に、複合的に」

　相続税対策は、納税資金を相続人に準備する対策、税負担を軽減する対策を、別々に検討して効果的な対策をとるべきですが、どちらの対策にもなるのが、贈与です。そのため、相続税対策には、贈与を中心に組み立てられることが多いでしょう。
　ただし、贈与だけでは、十分でないケースも多々ありますので、そういう場合は他の対策と複合的・計画的に検討を進めるべきです。贈与については後述にて詳述します。

5 遺言・贈与の活用対策

　家族にどうしても引き継がなければならないものや、残したいものはありませんか？
　例えば、先祖代々受け継いできた土地や、病弱な子どもの治療費や生活費、結婚資金等、特に経営者の場合には、親族内外に関わらず自社株式や事業用資産もその対象となるでしょう。
　それらを残すために、2つの方法が考えられます。
　生前に渡しておきたい、眼の黒いうちに確実に渡してしまいたいという場合等は贈与、相続時に確実に渡せばよいのであれば遺言です。
　贈与は相続税負担が大きい場合には、税負担軽減を兼ねて行うことも考えられるでしょう。
　前述のとおり、贈与も遺言も相続対策の柱となる方法なのです。だからこそ最もよく活用されるのですが、各々の手続きにルールがあり、ルールどおりでなければ色々と不都合が生じるケースがあります。また、注意すべきポイントも多々ありますので、前項の相続対策とは別立てで解説します。贈与と遺言という2つの方法を活用して、上手にご家族へ財産を残すことを考えましょう。

1 必ず知っておくべきポイント

(1) 【遺言】遺言は1人ではできない？

　遺言は、心を落ち着けて1人で書くもの。
　それが一般的な遺言についての認識ですし、正解であるとも思います。遺言書を1人で書きしたためることを、法律上では自筆証書遺言といいます。
　ところが、この遺言には民法上のルールがあり、そのルールに則っていない遺言は無効となってしまいます。気持ちを伝える手紙としての遺書とは異なるのです。
　パソコンで打った遺言、日付や印鑑のない遺言、ビデオメッセージや録音メッセージによる遺言。これらは全て法律上無効な遺言となってしまいます。
　また、遺言を書いたものの、発見されなかったり、偽造や隠ぺいされてしまうといった可能性も否定できません。内容が不明確でかえってトラブルになるケース、また、遺言内容に不満のある相続人から遺言作成時の遺言能力を問題視されるケースもあります。
　せっかく事前に遺言を書いて安心していたのに、いざ相続となったときにまったくその効力を発揮しない結果となれば、書いた意味がありません。これらのリスクや不安を回避するために、公正証書による遺言を残すことをおすすめします。

公正証書遺言ならば、公証人という法律の専門家に口述し、公証人が作成しますので、遺言が無効になる可能性は極めて低くなるでしょう。また証人2人の立会が必要で、原本は公証人役場で保管されますので、紛失や偽造といったリスクも低減されることになります。手数料はかかりますが、自筆証書遺言による場合に生じうるトラブルを抑えることができます。

　各種のリスクを考えると、遺言は1人でするよりも、公証人や証人の協力を得て行うものと考えておくほうがよいかもしれません。

　参考までに、公正証書遺言の手数料は以下のとおりです。遺言の目的たる財産の価額に対応する形で、定められています。

【公正証書遺言作成費用】

目的財産の価額	手数料の額
100万円まで	5,000円
200万円まで	7,000円
500万円まで	11,000円
1,000万円まで	17,000円
3,000万円まで	23,000円
5,000万円まで	29,000円
1億円まで	43,000円
（1億円を超える部分については以下のように加算されます） 1億円を超え3億円まで　……………5,000万円ごとに1万3,000円 3億円を超え10億円まで……………5,000万円ごとに1万1,000円 10億円を超える部分　………………5,000万円ごとに　　8,000円	

（日本公証人連合会ホームページより）

(2)【贈与】贈与も1人ではできない

　「子どもや妻に内緒で、こっそり財産を贈ろうと思っているんだが…」という話が時々あるようです。

　しかし、残念ながらそれは「贈与」になりません。贈与は、「あげましょう」「もらいましょう」という、あげる人ともらう人の合意があって成り立つ、立派な契約（贈与契約）なのです。

　口頭でも贈与契約は成立しますが、書面を交わさない場合はいつでも撤回できるので注意が必要です。

　また、相続税の申告時・税務調査時等に、単なる名義の変更だけでは贈与と認められないことがよくあります。贈与だと認められなければ、その贈与財産は相続財産に加算され相続税の対象になるわけです。もしも相続税軽減対策を兼ねての贈与であれば、せっかくの贈与も意味がありません。

　だから、贈与の事実を証明するためにも契約書を作成しておくのがよいでしょう。「夫

婦間や親子間で契約書だなんて…」という感覚もごもっともですが、夫婦、親子ゆえに贈与の事実があいまいになりがちで証明しにくいのも事実です。近しい間柄だからこその契約書の作成といえるでしょう。また、後で形式的に作った契約書ではなく、贈与時に契約書が存在したことを証明するために、公証人役場でその契約書の確定日付をもらっておけばさらに安心できます。

　贈与は1人ではできません。そして、トラブルを回避するためにも、贈与の事実をしっかり証明できるようにしておきましょう。

　贈与の事実がしっかり証明できるようにするために、契約書の作成だけでなく、贈与を受ける側が、通帳や印鑑等を全て管理している口座へ振込みをしてあげましょう。あえて贈与税のかかる年間110万円という金額以上の贈与をして、贈与税申告書を証明書類として保管しておくのもよいでしょう。

(3)【遺言・贈与】贈与も遺言も税金に注意

　遺言で財産が残された場合、その財産は相続税の対象となります。一方、生前の贈与で移転された財産は贈与税の対象となります。

　相続税も贈与税も基礎控除という課税ラインがあり、そのラインを超えると税金がかかります。相続税は、「5,000万円＋（1,000万円×法定相続人数）」、贈与税は年間一律110万円が課税ラインです。

　また、相続税も贈与税も取得金額が大きくなればなるほど税率が上がります。最高税率はともに50％ですが、相続税は取得額3億円、贈与税は1年間の受贈額1,110万円（110万円の基礎控除後の課税価格1,000万円）を超える部分に、50％の税率が適用されます。

　比較すると贈与のほうが、取得額が低くても高い税率が適用されるので、同じ財産を受け取るにしても遺言によるのと、生前贈与によるのとでは大違いです。

　生前贈与のほうが税負担が大きいことがわかるでしょう。

【相続税と贈与税の比較】

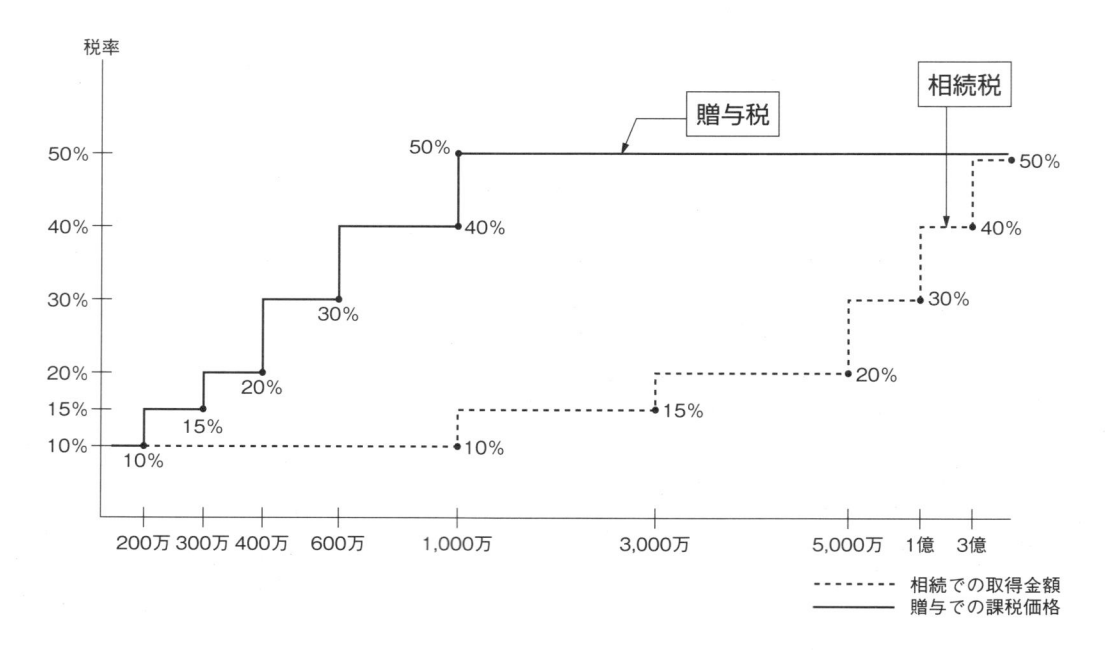

	贈与での課税価格	相続での取得金額
10%	200万	—
15%	300万	—
20%	400万	—
30%	600万	—
40%	1,000万	—
50%	1,000万超	—
10%	—	～1,000万
15%	—	3,000万
20%	—	5,000万
30%	—	1億
40%	—	3億
50%	—	3億超

------ 相続での取得金額
―― 贈与での課税価格

　贈与税は、各人が1年間に受け取った贈与合計額で計算されます。よって、贈与をするに際してはこの贈与税の制度をよく理解したうえで計画的に贈与をしなければ、財産を受け取った側に多額の贈与税を負担させることになってしまいます。
　なお、「親族間の財産の移動なので、贈与税等は気にせず名義を変えていた」といった

COLUMN

介護と遺言

　遺言がなければ、相続人で遺産を分けることになります。そのため、相続人以外に遺産を譲りたいときは遺言がよいでしょう。事業を引き継いでくれる娘婿、本来ならば相続人になれない人等へ確実に財産を引き継ぐ場合に、遺言は効力を発揮します。
　そして、特に遺言を検討したほうがよいのは、介護をしてくれた方に対する遺産を譲るケースです。
　あなた自身が要介護状態になったとき、その介護をしてくれる方には計り知れない苦労がかかることになるでしょう。いざ相続となったときには「あれだけ介護をしたのに」というような感情論で、遺産分割トラブルが生じる可能性があります。
　特に介護をしてくれた方が、子の配偶者等の相続する法的な権利がない場合には、感謝の気持ちを込めて遺言で財産を残してあげてください。

話をよく聞きますが、生活費や教育費等の一定の財産の贈与以外は、親族間の贈与でも贈与税の対象となります。

一方、相続税について、兄弟姉妹や孫が相続する場合には、相続税が2割加算されます。

(4)【贈与】相続時精算課税制度による贈与という選択肢

前述のように、贈与には贈与税負担がついてまわります。しかし、65歳以上の親から20歳以上の子どもへの親子間の贈与の場合、2,500万円までなら贈与税負担ゼロで贈与できる制度があります。

それが、相続時精算課税制度による贈与です。

贈与税は贈与を受ける側からすると大変な負担になりますので、魅力的な制度ですが、いくつか注意点があります。

まず、その親子間で通算2,500万円を超えた贈与を受けた場合、超えた部分には贈与税が一律20％かかります。

また、通常贈与をしたら相続財産が減りますので、相続税の軽減ができたように思えますが、この制度を利用して贈与をした場合、相続時には、その贈与分も含めて相続税を計算します。よって、相続税の軽減対策にはなりません。

そして、1度この制度を選択すると、同じ親からは通常の贈与を受けることはできな

COLUMN

もめない遺言の書き方ポイント

「財産の全てをカバーするなんてできないし、遺言は書けないよ」。

そういうお話をよく伺います。確かに財産を全部把握して遺言書を書かなければ、後々に行き先が指定されていない財産が出てきて、争いの種になる可能性は否定できません。

しかし、そういうときのための遺言の書き方があるのです。もしも全ての財産をカバーできているか不安がある場合には、「この遺言に記載のない財産については○○が相続する」等の一文を入れておきましょう。

また、非常に偏った遺産分けになる遺言の場合、どの財産を誰に、という最低限の記載だけではなく、引き継ぐ財産が少ない相続人の気持ちを考えて、なぜそういう分け方をしたのかの理由を付しておくだけで、ずいぶん感情的な対立は抑えられるでしょう。これを附言事項といいます。

また、「この財産はAへ。もしAが他界していたらCがその財産を取得する」等、もしもの事態に備えて第2順位を決めておくことも有効です。これを補充遺言といいます。

様々なケースに柔軟に対応できる遺言を残すことこそ、もめない秘訣といえるでしょう。

くなります。例えば、父から相続時精算課税制度の贈与を受けたら、その後の父からの贈与は、全て相続時精算課税制度の贈与となります。ただし、父からの贈与は相続時精算課税制度を使って、母からは年間一律110万円を超えると贈与税がかかる通常の贈与を使うということは可能です。

2 注意をしておくべきポイント

(1)【遺言】遺言は何度書いてもよい

　遺言といえば、たいそうなものと感じてなかなか1歩踏み出せない方も少なからずいます。しかし、遺言は気楽に取り組むくらいのほう方がよいように思います。なぜなら、遺言は何度書いてもよいからです。

　状況や気持ちが変わったら遺言内容を変えることもできますし、何度でも書き直すこともできます。その場合、日付が新しい遺言が効力のある遺言ということになります。遺言が必要ないと思ったら、それを取り消すことも可能なのです。

　財産状況やあるいは相続人との関係は、時間がたてば変わって当然です。むしろ、遺言をしたためた後、数年ごとに遺言内容の見直しをするべきでしょう。

(2)【遺言】遺言は万能ではない？　遺留分に注意！

　所有している財産を、遺言でどのように処分しようと自由です。しかし、遺留分を侵害する内容の遺言ならば、注意が必要です。

　すなわち、例えば特定の相続人に財産を全て相続させる遺言をした場合、反面、全く財産を相続できなくなる相続人もいるということになります。ただし、その相続人にも生活がありますし、相続人間の不公平が過ぎるケースのために、相続人が相続する権利を主張できる最低限の相続分が法によって定められています。これを遺留分といいます。

　通常法定相続分の1/2、親だけが相続人の場合は相続分の1/3が遺留分となります。兄弟姉妹には遺留分はありません。

【遺留分】

原　則	法定相続分の1/2
親だけが相続人の場合	〃　　の1/3

※兄弟姉妹には遺留分なし

　遺留分はあくまで権利ですので、遺留分を侵害した遺言が即無効というわけではありませんが、遺留分の範囲の財産を請求（遺留分減殺請求）されれば、遺留分を侵害する遺言では全てを思いどおりに実現できない可能性もあります。

　遺留分減殺請求権は、相続人が相続または遺留分の侵害を知ったときから1年以内が

期限です。

この点をふまえて、遺留分に十分配慮して、各相続人の遺留分侵害のない遺言を作成しましょう。

(3)【贈与】相続直前の贈与は意味がない？

「いよいよ相続が近くなったから急いで贈与をして、相続税軽減対策を」というのも時々耳にする話です。

しかし、相続開始前3年以内に相続財産を引き継ぐ相続人に贈与された財産は、全て相続財産に加算して相続税が計算されます。これを生前贈与加算といいます。

よって、直前贈与は相続税対策にはなりません。もちろんすでに払ってしまった贈与税は、負担する相続税から差し引かれます。

なお、相続財産を受けない者への贈与の場合はこの限りではありません。例えば、まだ幼い孫等が受け取る場合には、このケースにあたらないでしょう。

COLUMN

遺留分の放棄はむずかしい？

　経営者が生きているうちに、遺留分を放棄してもらうという方法もあります。これなら遺留分減殺請求の心配をしなくてよいと考える方もいらっしゃるかもしれません。

　しかし、家庭裁判所で手続きをとらなければなりませんので、弁護士等の法律家にサポートしてもらわなくてはなりません。

　具体的には家庭裁判所の許可が必要になります。家庭裁判所は、放棄の理由に合理性や必要性を求め、それに代わる財産を贈与する等の代償があれば認めるようです。

　しかし、遺留分の放棄は、相続発生後でも、その相続人が事情を家庭裁判所に説明すれば、家庭裁判所の職権で取り消されることもあるので要注意です。また、相続人が複数いる場合、遺留分の放棄はそれぞれの相続人が判断することなので、遺留分放棄者とそうでない相続人の間でも不公平が生じるでしょう。

　遺留分がいったん放棄されても、その後取り消される可能性や、また複数の相続人が存在するために放棄をめぐって新たなトラブルを生んでしまう可能性もあり、なかなか安心できないのです。

　これが遺留分の放棄制度の欠点といってよいかもしれません。慎重に検討しましょう。

【相続税の生前贈与加算】

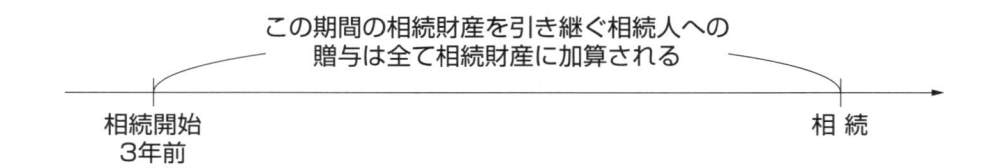

```
        ┌──────この期間の相続財産を引き継ぐ相続人への──────┐
               贈与は全て相続財産に加算される
    ├────────────────────────────────────────────────────→
  相続開始                                              相  続
   3年前
```

3 事前準備しておくべきポイント

(1) 【遺言・贈与】財産目録がものをいう

　家族に何かを残すために遺言・贈与を検討するにしても、やはり財産目録があると便利でしょう。

　財産がピックアップできていたら、その財産を相続の際に誰に引き継いでもらいたいのかを考え、財産と相続人をつなげれば、それがそのまま遺言の方針となることはすでに記述したところです。

　そのなかで、生前に贈与をしてしまいたい財産も見えてくるでしょう。その財産については、贈与される側に余計な贈与税負担がかからないように、計画的に贈与をする必要があります。贈与する財産は、遺言で残す分とは別に考えるために、色分けをする等しておくとよいでしょう。

(2) 【贈与】まずは相続税がかかるかどうかで判断する

　贈与については、まず贈与をしなかった場合に相続税がかかるのか否かを確認することから始めましょう。

　通常の贈与によるのか、相続時精算課税の贈与によるのかの判断をするためです。通常の贈与は、年間110万円を超えれば贈与税がかかりますが、贈与した分だけ相続財産が減りますので、相続税軽減にもつながります。

　それに対して、相続時精算課税の贈与は、通算2,500万円まで贈与税負担なしで贈与できますが、相続税計算の際には贈与財産も併せて計算することになります。多額の財産を贈与できますが、相続税が軽減されることは基本的にありません。

　相続税がかかるケースで、相続税軽減を期待して贈与するなら通常の贈与を選択するべきで、相続時精算課税の贈与をしてもその目的は達せられないでしょう。

　一方、相続税がかからないケースであれば、相続税軽減を考える必要はありませんから、贈与税の心配なしに多額の贈与ができる相続時精算課税の贈与を大いに活用するべきでしょう。

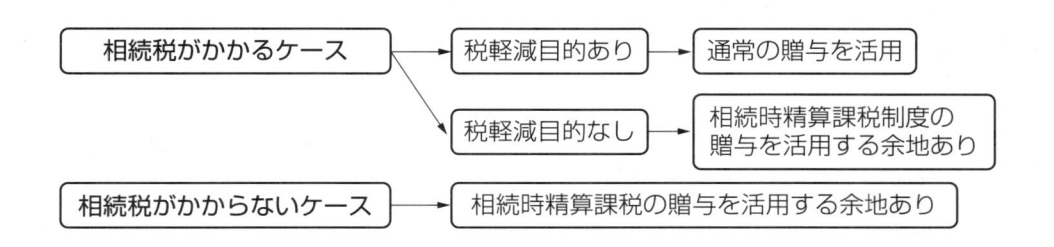

```
相続税がかかるケース ─┬→ 税軽減目的あり ──→ 通常の贈与を活用
                      │
                      └→ 税軽減目的なし ──→ 相続時精算課税制度の
                                            贈与を活用する余地あり

相続税がかからないケース ──→ 相続時精算課税の贈与を活用する余地あり
```

(3)【贈与】贈与は少しずつ計画的に行うこと

　経営者の相続の場合には、自社株式や事業用資産が多額になり相続税がかかるケースが多いようです。その場合、相続税の軽減も兼ねるとなれば通常の贈与をすることになるでしょう。

　通常の贈与の場合、年間110万円以内なら贈与税はかかりません。年間110万円ずつ贈与すれば、確実に毎年少しずつ相続税を軽減できることになります。

　ただし、相続税軽減という意味において年間110万円が最も効率的な贈与額かといえばそうとも限りません。また、年間110万円ずつの贈与であれば、予定額全てを贈与するにはずいぶん時間がかかるでしょう。

　では、相続税軽減の効果が高い贈与額はいくらなのでしょうか？

　例えば年間200万円の贈与をする場合、贈与税は9万円です。この場合、贈与額の4.5％が贈与税負担です（「相続税負担総額／相続財産」。これを実効税率といいます）。

　もし贈与をしない場合、相続税の実効税率が30％だとしたら、4.5％の贈与税負担は、30％の相続税負担に比べて格段に低いのです。

　110万円を贈与する場合に比べて、たくさんの相続財産が減っているわけですから相続税軽減効果は大きくなります。

　このように、贈与税がゼロだからといって、一概に年間110万円以下の贈与が最も効果的かといえばそうではありません。相続税と贈与税の実効税率を比較して効果の高い贈与額で贈与することは、贈与計画を短縮する意味において有効な対応といえるでしょう。

【例：相続税実効税率30％】

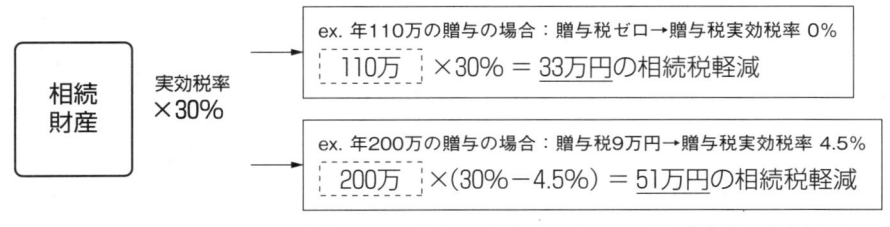

```
                    ex. 年110万の贈与の場合：贈与税ゼロ→贈与税実効税率 0％
              ┌──→ 110万 × 30％ ＝ 33万円の相続税軽減
相続財産      │
 実効税率×30％┤
              │    ex. 年200万の贈与の場合：贈与税9万円→贈与税実効税率 4.5％
              └──→ 200万 ×（30％－4.5％）＝ 51万円の相続税軽減
```

※贈与しなければ30％の相続税がかかりますが、贈与すれば4.5％の贈与税負担に軽減されます。

4 対策について理解しておくとよいポイント

(1)【贈与】夫婦間の贈与には特例がある

夫婦間の贈与の場合、贈与税の特例があります。

婚姻期間20年以上の夫婦の場合、110万円の基礎控除に加えて2,000万円分の居住用不動産かその購入資金を、贈与税ゼロで贈与することができます。

確定申告をする等の要件はありますが、2,110万円の贈与を無税でできるわけですから、結婚20周年の磁器婚式の記念を兼ねて相続税軽減対策というのもよいのではないでしょうか。

(2)【贈与】平成22年・23年限定　親子間のマイホーム取得資金贈与の特例

子どもや孫にマイホーム取得資金、増改築資金1,500万円まで（平成23年は1,000万円まで）を贈与する場合に、その贈与税がかからない特例があります。贈与を受ける子ども・孫の合計所得が2,000万円を超えている場合は適用できません。

この特例を活用すると、通常の贈与と組み合わせて平成22年の贈与なら1,610万円（110万円の基礎控除＋1,500万円）まで非課税で贈与できます。

また、相続時精算課税制度の贈与と組み合わせて、平成22年なら4,000万円（非課税2,500万円＋1,500万円）の贈与を非課税ですることができます。ただし、相続時精算課税の贈与は、親子間のみしか活用できないので注意が必要です。

(3)【贈与】孫へ残すメリット・デメリット

孫へ財産を残したいということもあるでしょう。子どもへ残す場合と、孫へ残す場合には少し事情が異なります。

孫へ財産を残す遺言をすることは可能です。しかし、遺言で財産を受け取った場合、相続税の負担が生じます。一世代飛び越えて相続する孫は、通常の20％増しで相続税を負担しなければなりません。それを考慮のうえで遺言を残す必要があります。

また、孫へ財産を贈与することも可能です。ただし、贈与は契約で、孫がまだ未成年の場合には、親の法定代理が必要になります。

(4)【贈与】生命保険という解決法

生命保険は、相続と比較的相性がよい金融商品といえるでしょう。相続時にまとまった現預金が準備できるので、納税資金や遺産分け調整資金に活用し易いためです。

一般的には、本人が保険料を負担し、配偶者や子どもである相続人を受取人にする生命保険契約が主流です。この場合、生命保険金を受け取る相続人は、相続税を負担することになります。よって、受け取る生命保険金額が大きければ、相続税負担も大きくなります。

一方、生前贈与と組み合わせて生命保険を活用するケースもあります。

すなわち、本人が現預金を相続人へ贈与して、それを原資に相続人が生命保険料を負担するケースです。保険料を負担するのも受取人も相続人となります。

　この場合、相続人は、自身が保険料を負担して生命保険金を受け取るため、一時所得として所得税・住民税の対象となります。一時所得は、その1/2が課税の対象となりますので、相続税を負担するよりも税負担が小さくなるケースが多いのです。

　実際、双方の税負担を比較しなければ何ともいえませんが、生前贈与の分だけ相続税負担が軽減されますので、その分税負担軽減にもつながる生命保険の活用法でもあります。

【生前贈与による生命保険】

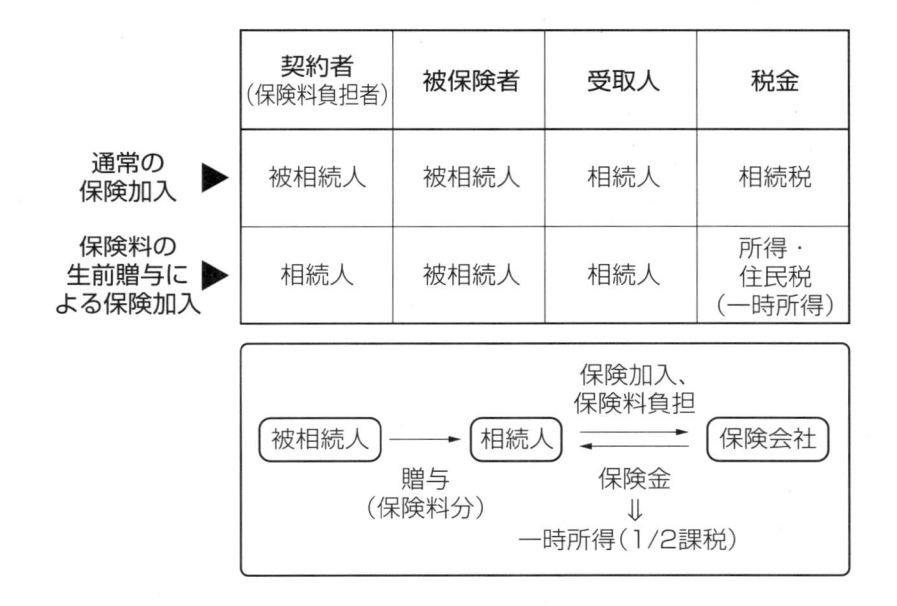

	契約者 (保険料負担者)	被保険者	受取人	税金
通常の保険加入	被相続人	被相続人	相続人	相続税
保険料の生前贈与による保険加入	相続人	被相続人	相続人	所得・住民税 (一時所得)

```
                    保険加入、
                    保険料負担
被相続人 ──→ 相続人 ⇄ 保険会社
         贈与      保険金
       (保険料分)      ⇩
                一時所得(1/2課税)
```

(5)【贈与】贈与税が猶予される自社株式の贈与

　中小企業の自社株式の評価額が高騰している場合、生前贈与で自社株式を引き継ぎ、事業承継をしようと思っても贈与税の負担が大きすぎて、なかなか思いどおりにはいきません。これは、スムーズな事業承継の大きな障壁となります。

　そのため、事業承継を目的に非上場会社株式を贈与する場合、一定の株数までその贈与税の納税が猶予される制度が平成21年に新設されました。贈与税負担を気にせず経営者の生前に後継者に自社株式を贈与することで、事業承継が円滑に行われる会社もこれから出てくるのではないでしょうか。

　ただし、この制度を活用するためには、贈与前に経済産業大臣の確認、贈与時に経済産業大臣の認定、そして贈与後5年間の事業継続をしていることの報告義務等、納税猶予を維持するために様々な要件をクリアする必要があります。

　適用したものの継続的に要件をクリアできず、結局利子税とあわせて贈与税を納税す

るというような事態は避けたいものです。事前にしっかり要件を確認し、専門家のサポートのもと慎重に活用したいところです。

(6)【贈与】遺留分から解放される自社株式の贈与

経営者が、遺言や生前贈与を用いて自社株式や事業用資産を後継者に集中的に承継させようとしても、他の相続人には遺留分という権利があります。他の相続人が遺留分減殺請求をすれば、争いになってしまうケースも出てくるでしょう。

この場合、「遺留分に関する民法の特例」を活用すると、生前贈与された自社株式について遺留分算定基礎財産から除外等され、そのようなリスクを回避することができます。

遺留分の放棄の手続きと異なり、後継者とその他の相続人全員の合意のもとに、経済産業大臣の確認と家庭裁判所の許可手続きを取ることで、後継者が単独で行うことができます。他の相続人の合意が条件ですので、相続人間の調整等も同時に検討でき、遺留分放棄に比べると断然使い勝手のよい特例といえるでしょう。

経営者の眼の黒いうちに遺産分けトラブルを回避して、不安材料を残さず事業承継をする一手段として、利用を検討してみましょう。

COLUMN

ペットには財産は残せないのか

現代社会において、犬や猫等のペットは、飼い主からすれば、家族同然の存在でしょう。自分に万一があった場合、残されたペットはどうしたらよいかと心配する相談も最近よく受けます。

残念ながらペットは法律上は「もの」として扱われますので、ペットに財産を残すことはできません。しかし、自分亡きあとは、せめて大切に世話をしてくれる人がいなければ不安でしょう。そういうときには、「負担付遺贈」という方法が考えられます。

すなわち、ペットの世話をしてもらう義務（負担）を負ってもらう代わりに、世話をしてくれる人に一定の財産を遺贈するというかたちの遺言です。

ただし、世話をしてくれる人に過度の負担を負わせられませんから、遺贈の範囲内での世話が限度となります。ペットの世話にはコストがかかりますし、それを加味した十分な遺贈額を見当しておく必要があるでしょう。

また、世話をしてくれる人は遺贈を放棄されないように信頼関係を構築して、事前に了承してもらうこと、きちんと世話をしてくれているかを監督する遺言執行者を遺言で定めておくことも忘れないようにしましょう。

■著者紹介
海野 裕貴（うみの・ひろたか）
同志社大学大学院法学研究科私法学修了後、金融機関勤務等を経て、現在、海野裕貴税理士事務所代表、グレイトディバイド株式会社代表取締役。
顧問業の他、事業承継・相続のコンサルティング、各種金融機関等での講演・セミナーも多数行っている。また、弁護士・司法書士・弁理士等他士業と連携し、顧客ニーズを汲み取ったサービスを展開するLLPプログレスを設立し、代表として活動中。
著書に「事業承継 成功のポイント50」、小冊子「知っておきたい 経理のしごと」（以上、清文社）、「けんた君教えて！ くらしのなかの税金知識」シリーズ（全国法人会総連合）がある。税理士・中小企業診断士・CFP(R)・1級ファイナンシャル・プランニング技能士。

経営者のための 勇退へのアドバイス

2010年4月30日 発行

著 者　海野 裕貴 ©

発行者　小泉 定裕

発行所　株式会社 清文社
東京都千代田区内神田1-6-6（MIFビル）
〒101-0047　電話 03(6273)7946　FAX 03(3518)0299
大阪市北区天神橋2丁目北2-6（大和南森町ビル）
〒530-0041　電話 06(6135)4050　FAX 06(6135)4059
URL http://www.skattsei.co.jp/

印刷：美研プリンティング㈱

■著作権法により無断複写複製は禁止されています。落丁本・乱丁本はお取り替えします。
■本書の内容に関するお問い合わせは編集部までFAX（03-3518-8864）でお願いします。

ISBN978-4-433-54110-1

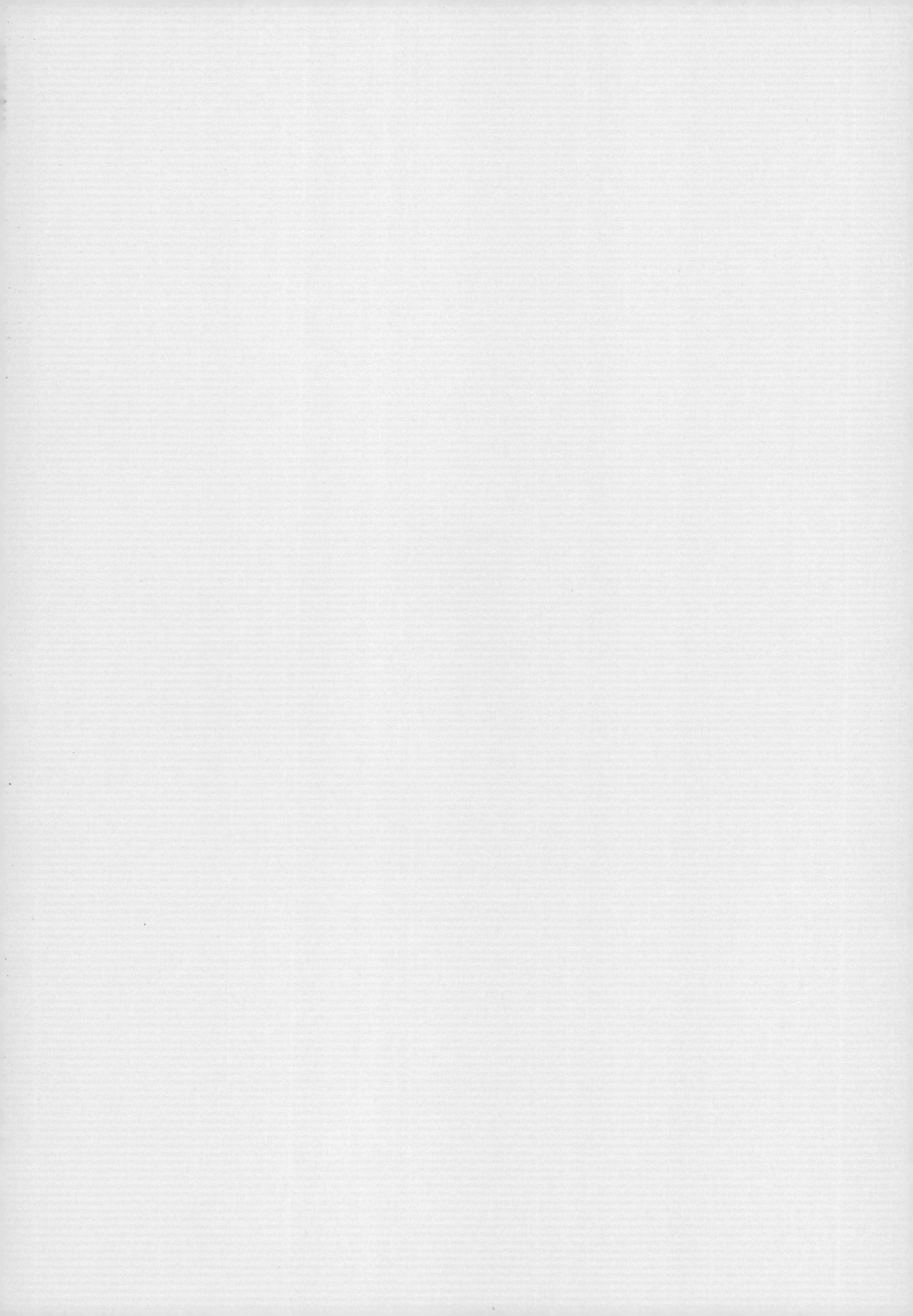